SPORT PUR

Herausgeber
Frank Bächle

Redakteur
Sven Waigel

Bisher erschienene Bände

Band 1 Sven Waigel • Jan Gipperich
Basketball Grundlagentraining

Band 2 Sinah Brand • Moritz Mezger
Die Bewegte Pause

Band 3 Jürgen Schmidt-Sinns
Turnen – Aber sicher!

Bibliografische Information der Deutschen Nationalbibliothek
Die Deutsche Nationalbibliothek verzeichnet diese Publikation in der Deutschen Nationalbibliografie; detaillierte bibliografische Daten sind im Internet über http://dnb.d-nb.de abrufbar.

Sehr geehrte Leserinnen und Leser,

bei der Erstellung dieses Basketball-Lehrbuchs haben wir uns nach reiflicher Überlegung dafür entschieden, ausschließlich die männliche Form zu verwenden, um den Text übersichtlicher zu gestalten. Diese Entscheidung basiert auf dem Wunsch, den Lesefluss nicht durch häufige geschlechtsspezifische Doppelnennungen zu unterbrechen.

Wir möchten betonen, dass diese sprachliche Wahl keine Wertung oder Vernachlässigung der Geschlechtervielfalt darstellt. Unser Ziel ist es, allen Leserinnen und Lesern, unabhängig von ihrem Geschlecht, ein möglichst leicht verständliches Lehrmaterial zu bieten. In diesem Kontext wird das generische Maskulinum lediglich als sprachliches Mittel zur Vereinfachung verwendet.

Wir sind uns der sensiblen Natur dieser Entscheidung bewusst und hoffen auf Ihr Verständnis für unseren Ansatz. Wir ermutigen alle Leserinnen und Leser, sich mit den Inhalten dieses Buches auseinanderzusetzen und hoffen, dass es ein wertvolles Werkzeug für Ihre Tätigkeit ist.

Mit besten Grüßen
Die Autoren

Bestellnummer 1211

www.hofmann-verlag.de

Fotos und Grafiken: Sven Waigel und Jan Gipperich

Druck: Druck- und Kalender-Marketing Sosset GmbH, Kißlegg

Printed in Germany
ISBN 978-3-7780-1211-6

Inhalt

Vorwort der Autoren

Basketball ist eine der beliebtesten Sportarten der Welt. Was als einfaches Spiel begann, hat sich zu einer weltweiten Bewegung entwickelt, die Millionen von Menschen aller Altersgruppen, Geschlechter und Nationalitäten begeistert. Die Anziehungskraft des Basketballs liegt in seiner Geschwindigkeit, seiner Dynamik, seiner Dramatik und den Fähigkeiten, die für das Spiel benötigt werden: Schnelligkeit, Kraft, Ausdauer, Beweglichkeit. Basketball ist ein koordinativ sehr anspruchsvoller Sport. Möchte man das Spiel erfolgreich und mit Spaß spielen, ist neben einer breiten Regelkenntnis ein Repertoire an Techniken notwendig.

Basketball hat eine lange Geschichte, die bis ins 19. Jahrhundert zurückreicht. Der Sport wurde von Dr. James Naismith entwickelt, einem kanadischen Arzt und Pädagogen, der nach einer Möglichkeit suchte, seine Schüler im Winter fit zu halten. Das ursprüngliche Spiel war einfach: Zwei Teams von neun Spielerinnen und Spielern versuchten, den Ball in den Korb des gegnerischen Teams zu werfen. Im Laufe der Jahre hat sich Basketball weiterentwickelt. Die Sportart hat heute einen wichtigen Platz in der Popkultur und ist Gegenstand von Filmen wie „White Men Can't Jump“, „Hustle“ oder „Nowitzki – Der perfekte Wurf“. Die Netflix Serie „The last Dance“ um die NBA-Legende Michael Jordan und sein Team Chicago Bulls erzielte Rekord-Einschaltquoten. Bei Jugendlichen besonders populär sind Fanartikel der Spieler, die in der NBA und anderen professionellen Ligen spielen.

Für Jugendliche kann Basketball eine wichtige Rolle in ihrem Leben spielen. Es fördert nicht nur körperliche Fitness und Gesundheit, sondern auch Teamwork, Selbstvertrauen und viele soziale Fähigkeiten. Durch das Spielen von Basketball lernen junge Menschen, wie man in einer Gruppe arbeitet, wie man mit Sieg und Niederlage umgeht und wie man Verantwortung gegenüber Mitspielerinnen und Mitspielerin übernimmt.

In diesem Lehrbuch werden wir uns auf die offensiven Grundlagen des Basketballs konzentrieren, um jungen Menschen dabei zu helfen, ihr Spiel zu optimieren und ihr Potenzial als Spielerinnen und Spieler auszuschöpfen. Wir werden wichtige Techniken behandeln, um die Athletinnen und Athleten zu befähigen, ihr Spiel zu verbessern. Die Übungen eignen sich besonders im Alter zwischen 13 und 15 Jahren, weil hier sportspielspezfisches Erlernen von Techniken sinnvoll erscheint. Alle Formen können durchaus auch in anderen Altersspannen Anwendung finden.

Wir hoffen, dass dieses Lehrbuch dazu beiträgt, den Jugendlichen eine solide Grundlage im Basketball zu vermitteln und ihnen die Freude und Bedeutung des Spiels aufzuzeigen. Mögen sie ihr Potenzial ausschöpfen und ihre Fähigkeiten verbessern, während sie diese großartige Sportart genießen.

Viel Spaß beim Lesen und Spielen!
Jan Gipperich, Sven Waigel

Gegenstand und Struktur des Buches

Dieses Basketball-Lehrbuch beinhaltet Werkzeug für alle Trainerinnen und Trainer sowie Lehrerinnen und Lehrer, die Basketball-Unterricht in Schule und Verein anbieten. Es umfasst Übungen und kleine Spiele für Trainings- und Unterrichtsstunden, die an verschiedenen Stellen im Unterricht platziert werden können.
Mit diesen Übungen und kleinen Spielen können die Grundtechniken des Basketballs erlernt und verbessert werden. Alle Spiel- und Übungsformen sind nach **Komplexitätsgrad, benötigtem Material, Teaching Points und Übungs- bzw. Spieldurchführung** strukturiert. Außerdem werden für jede Form Varianten dargestellt, die eine Differenzierung nach Leistungsniveau möglich machen.
Das Basketball-Lehrbuch ist in verschiedene Abschnitte unterteilt. Jeder Abschnitt widmet sich einer bestimmten Technik und beinhaltet mehrere Drills/kleine Spiele mit unterschiedlichen Schwierigkeitsgraden. Die Drills und Spiele können wie Bausteine in beliebiger Reihenfolge genutzt werden und ermöglichen so eine individuelle Gestaltung des Trainings. Zum besseren Verständnis sind Skizzen, Bilder und Filmsequenzen beigefügt.

Dribbling
Der erste Abschnitt befasst sich mit dem Dribbling, einer der grundlegenden Fähigkeiten im Basketball. Der Abschnitt zum Dribbling reicht von kleinen Spielen zum impliziten Erlernen und Anwenden des Dribblings bis hin zu immer komplexer und sportspielgerichteteren Übungsformen, die das Ballhandling verbessern.

Passen
Im zweiten Abschnitt steht das Passen im Fokus. Hier finden sich zuerst Formen, die das Passen in verschiedenen kleinen Spielen implizit trainieren. Es schließen sich komplexer werdende Passformen an, zum Beispiel zum Passen im Stand, im Lauf oder in komplexeren Drills mit Sprintanteilen.

Korbleger
Der dritte Abschnitt führt vorwiegend Drills zur Verbesserung des Korblegers aus. Hier liegt der Fokus auf der Verbesserung des Korblegers, der in ganz unterschiedlichen Formen ausgeführt werden kann. Der im unteren Jugendbereich eingesetzte Druckwurfkorbleger kann, je nach Könnensstand, durch Formen wie Unterhandkorbleger, Powermove-Korbleger oder andere Techniken ausgetauscht werden.

Wurf
Im vierten Abschnitt geht es um die Wurftechnik. Hier finden sich Bausteine, die sich zum Techniklernen eignen, und Drills zum Shooting aus unterschiedlichen Distanzen und Winkeln, die eher kompetitiven Charakter haben. Einige Übungen sind so gestaltet, dass Würfe unter Druckbedingungen ausgeführt werden müssen.

Multiskill Drills
Der fünfte Abschnitt beinhaltet sogenannte Multiskill Drills, die mehrere Fähigkeiten und Techniken miteinander verbinden. Hier finden sich Übungen und Spiele, die Dribbling, Passen, Korbleger und Wurf miteinander kombinieren und so ein ganzheitliches Training ermöglichen.

Dribbling

Kleine Spiele

Dribbelkönig

Material

8 Hütchen

1 Ball je Spieler

Was wird hier noch trainiert?

Spielübersicht

Kopplungsfähigkeit

Korbleger unter Druck

Teaching Points

- Dribble den Ball nah am Körper.
- Gehe beim Dribbling tief in die Knie.
- Schütze den Ball mit dem anderen Arm und mit dem Körper.
- Schaue während des Dribblings nach vorne und beobachte das Spielgeschehen.
- Beim Versuch den Ball des Gegners zu stehlen, bewegt sich nur die Hand zum gegnerischen Ball. Die Füße bleiben auf ihrer Position.

Spielbeschreibung

Mit Hilfe der Hütchen wird das Basketballfeld in drei Felder aufgeteilt. Je nach Spieleranzahl und Leistungsstand kann die Größe der Felder variiert werden. Zur Steigerung der Attraktivität werden die Spielfelder eins, zwei und drei mit Liganamen benannt, z. B. Kreisliga, Landesliga, Bundesliga.

Alle Spieler starten im ersten Feld und versuchen, sich gegenseitig die Bälle zu stehlen. Dabei muss der eigene Ball immer gedribbelt werden. Wird der Ball in beide Hände genommen, führt dies automatisch zum Abstieg in das jeweils niedrigere Feld. Nach erfolgreichem Herausschlagen eines gegnerischen Balles (der Ball muss aus dem Spielfeld hinaus rollen), steigt der jeweilige Spieler in das nächste Feld auf. Der andere Spieler verbleibt im Feld. Gelingt es einem Teilnehmer, den Ball im obersten Feld (Bundesliga) zu stehlen, erhält dieser Spieler einen Punkt und beginnt erneut im untersten Feld (Kreisliga).

Variationen

- Aufgabe bei Verlust des eigenen Balles: z. B. Liegestütze, Burpees, Extrarunde laufen.
- Abstieg in die jeweils tiefere Liga bei Verlust des eigenen Balles.
- Nach erfolgreichem Durchlaufen des letzten Feldes:
  - muss dies mit einem Korblegertreffer/Wurftreffer bestätigt werden, um den Punkt zu erhalten.
  - darf ein Dunking per Kastentreppe ausgeführt werden.
  - darf ein Dunking per Trampolin ausgeführt werden.

Tordribbeln

Spielbeschreibung

An den beiden Spielfeldenden wird jeweils ein Hütchentor (Hütchenabstand zwei bis drei Meter) aufgebaut. Je Spielfeld werden zwei Mannschaften mit je zwei bis fünf Spielern gebildet. Um einen Punkt zu erzielen, muss der Ball durch das gegnerische Hütchentor gedribbelt werden. Der Ball darf sich dabei auch zugepasst werden.

Variationen

- Jede Mannschaft darf auf beide Tore spielen und Punkte sammeln.
- Spiel auf nur ein Tor.
- Spiel auf vier Tore (Grund- und Seitenlinien).
- Jeder Angreifer muss gedribbelt haben, bevor ein Tor erzielt werden darf.
- Zehn Pässe ohne Ballberührung des Gegners ergeben ebenfalls einen Punkt.

Material

4 Hütchen je Spielfeld

1 Ball je Spielfeld

Was wird hier noch trainiert?

Ballverteidigung

Passwegverteidigung

Freilaufen und Anbieten

Teaching Points

- Dribble den Ball nah am Körper.
- Versuche den Gegenspieler mit Handwechseln, Körpertäuschungen und Tempowechseln zu umspielen.
- Schaue während des Dribbelns nach vorne und beobachte das Spielgeschehen.
- Passe den Ball zum besser positionierten Mitspieler.
- Laufe dich in offene Räume frei.

Wächterspiel

Material

Hütchen: So viele wie Spieler

Bälle: Halb so viele wie Spieler

Was wird hier noch trainiert?

Verteidigung am Ball

Fintieren

Spielübersicht

Teaching Points

- Dribble den Ball nah am Körper.
- Dribble mit Tempo auf die Hütchentore zu.
- Versuche den Wächter mit Handwechseln, Körpertäuschungen und Tempowechseln zu umspielen.
- Schaue während des Dribbelns nach vorne und beobachte das Spielgeschehen.

Spielbeschreibung

Auf dem Basketballfeld werden halb so viele Hütchentore wie Spieler aufgestellt. Die Tore haben einen Durchmesser von etwa drei Metern. Die Gruppe wird in zwei Mannschaften aufgeteilt. Dabei haben alle Spieler aus Team 1 die Aufgabe, jeweils ein Hütchentor zu verteidigen, indem sie den Gegnern den Weg versperren und versuchen, dabei den Ball zu stehlen. Alle Spieler aus Team 2 dribbeln durch die Halle und müssen möglichst viele Hütchentore durchdribbeln, ohne den Ball zu verlieren.

Für jedes durchdribbelte Tor erhält die Mannschaft einen Punkt. Nach der vorgegebenen Spielzeit (z. B. drei Minuten) wechseln die Mannschaften ihre Aufgaben. Am Ende wird verglichen, welche Mannschaft die meisten Punkte gesammelt hat.

Variationen

- Wird einem Spieler der Ball beim Durchdribbeln eines Tores gestohlen, erhält er eine Extraaufgabe (Liegestütze, extra Runde um das Feld, etc.).
- Die Hütchentore können vergrößert/verkleinert werden.
- Keine Mannschaften: Individuelles Zählen und Rollentausch, sobald ein Ball gestohlen wurde.
- Zusatzaufgaben durch den Trainer/Lehrer:
  - ein Finger: Dribbling nur mit der rechten Hand.
  - zwei Finger: Dribbling nur mit der linken Hand.
- Nach erfolgreichem Passieren eines Tores muss die Aktion mit einem Korblegertreffer/Wurftreffer bestätigt werden, damit die Punkte gewertet werden.

Transport Dribblings

Material

2 Kastendeckel

8 Hütchen

Mind. 20 Bälle

Was wird hier noch trainiert?

Verteidigung am Ball

Fintieren

Spielbeschreibung

Mit den Hütchen werden die Ecken des Basketballfeldes sowie eine offene Zone abgesteckt (wenn vorhanden, ca. auf Höhe der Volleyball-Angriffslinien). An der Grundlinie jedes Feldes steht jeweils ein offener Kastendeckel, der mit Bällen gefüllt ist. Die Gruppe wird in zwei Mannschaften eingeteilt. Innerhalb der Mannschaft werden die Aufgaben „Dribbler“ und „Fänger“ verteilt. Die „Dribbler“ müssen innerhalb der vorgegebenen Zeit möglichst viele Bälle von ihrem Kasten in den gegenüberliegenden Kasten transportieren. Der Ball muss beim Laufen gedribbelt werden. Wird der Ball mit beiden Händen aufgenommen, muss der Spieler zum Ausgangspunkt zurückkehren und von vorne beginnen. In der offenen Zone versuchen die gegnerischen „Fänger“ den „Dribblern“ die Bälle zu stehlen und zurück in den Kasten zu legen. Auf der gegenüberliegenden Seite ver-

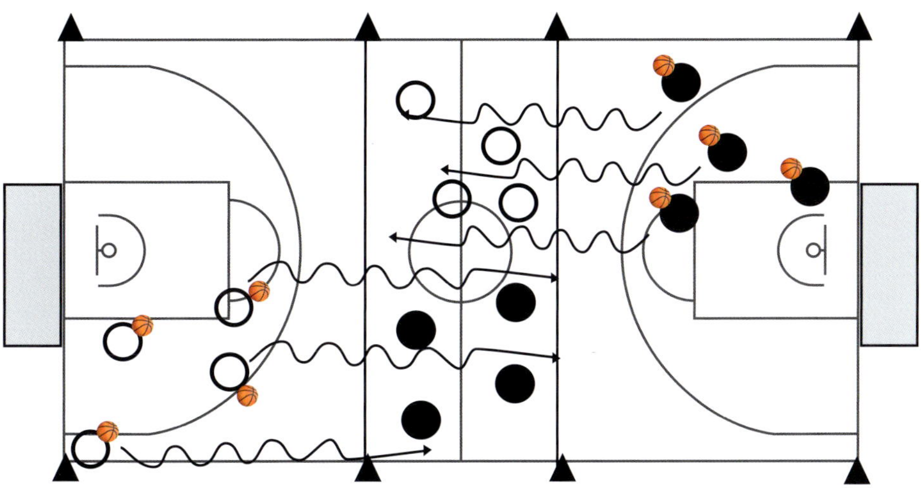

Teaching Points

- Dribble den Ball nah am Körper.
- Schütze den Ball mit deinem anderen Arm und mit deinem Körper.
- Versuche die Gegner mit Handwechseln, Körpertäuschungen und Tempowechseln zu umspielen.
- Schaue während des Dribblings nach vorne und beobachte das Spielgeschehen.

sucht die jeweils andere Mannschaft, Bälle zum gegenüberliegenden Kasten zu transportieren.
In der Halbzeitpause werden die Aufgaben innerhalb der Mannschaften getauscht. Nach Ablauf der Spielzeit (z. B. 2 x 3 Minuten) werden die Bälle in den Kästen gezählt. Die Mannschaft mit den wenigsten Bällen in ihrem Kasten gewinnt das Spiel.

Variationen

- Verschiedene Bälle nutzen (Basketbälle, Handbälle, Volleybälle, Fußbälle, Tennisbälle).
- Die Anzahl der Fänger erhöhen oder verringern.
- Die offene Zone vergrößern, verkleinern.
- Der Ball darf nur noch mit der schwachen Hand gedribbelt werden.
- Nach erfolgreichem Passieren der offenen Zone muss ein Korbleger ausgeführt werden. Der Ball darf erst nach einem Treffer in den Kasten gelegt werden.

Dribbelfangen

Material

3–4 Korbanlagen

1 Ball je Spieler (außer Fänger)

Was wird hier noch trainiert?

Korbleger

Dribbeln mit dem Blick nach oben

Spielbeschreibung

Pro zehn Spieler werden zwei Fänger eingeteilt. Die restlichen Spieler bewegen sich mit jeweils einem Ball auf dem Spielfeld. Die Bälle müssen immer gedribbelt werden. Die Fänger bewegen sich ohne Ball und haben die Aufgabe, per „Abschlagen" so viele Spieler wie möglich zu fangen. Je gefangenen Spieler erhalten sie einen Punkt. Gefangene Spieler stellen sich breitbeinig auf und rotieren den Ball um die Hüfte. Sie können von einem Mitspieler mit einem doppelten Handwechsel durch die Beine befreit werden. Nach einer vorher definierten Spielzeit werden die Punkte gezählt und neue Fänger eingeteilt. Die Feldspieler mit Ball können sich schützen, indem sie einen Korbleger an einem der Körbe ausführen. Sobald der Ball in der Korblegerbewegung aufgenommen wurde, darf derjenige Spieler nicht mehr gefangen werden und der jeweilige Fänger muss sich einen anderen Spielteilnehmer suchen.

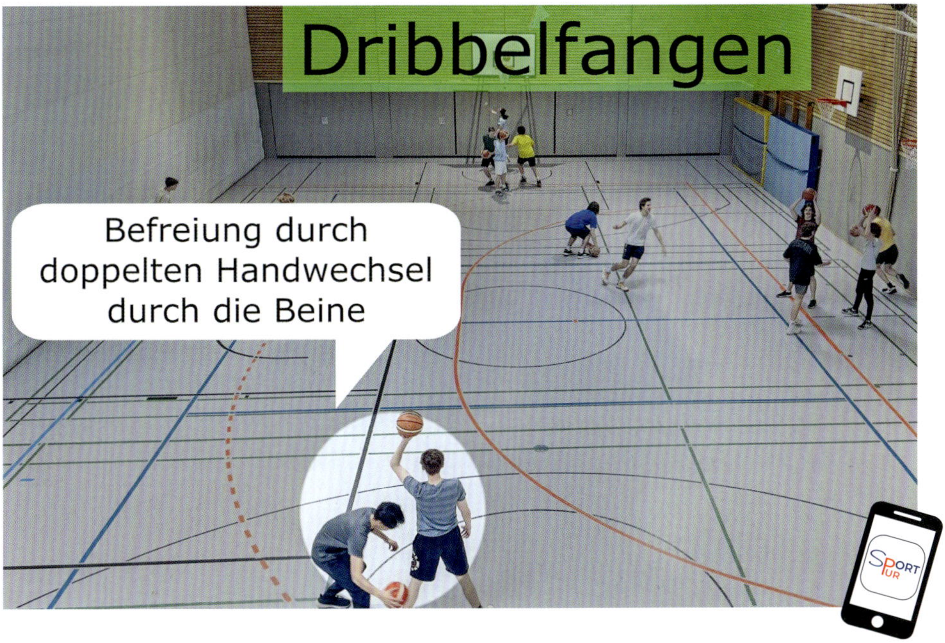

Teaching Points

- Schaue während des Dribbelns nach vorne und beobachte das Spielgeschehen.
- Versuche den Fängern mit schnellen Antritten und Richtungswechseln zu entkommen.
- Beschütze dich in einer Notsituation mit einem Korbleger.

Variationen

- Die Anzahl der Fänger erhöhen.
- Das Spielfeld verkleinern.
- Die Anzahl der Korbanlagen reduzieren.
- Gefangene Spieler erhalten folgende Aufgaben mit dem Ball:
  - Kleine Dribblings mit den Fingerspitzen.
  - Einhändige Handwechsel neben/vor dem Fu.ß
  - Dribbelacht durch die Beine mit kleinen Dribblings.
  - Spinnendribblings.
  - Handwechsel durch die Beine.
  - Handwechsel hinter dem Rücken.

Dribbelstaffel

Spielbeschreibung

Je nach Anzahl der Teilnehmer werden Mannschaften eingeteilt. Jede Mannschaft sollte dabei nicht aus mehr als fünf Spielern bestehen, da ansonsten die Bewegungszeit negativ beeinträchtigt wird. Pro Mannschaft wird eine Hütchenbahn aufgebaut. Außerdem erhält der jeweils erste Spieler aus jeder Mannschaft einen Ball an der Startlinie.

Die Teilnehmer müssen nun, wie in einer klassischen Staffel, den Hütchenparkour durchqueren und danach den Ball so schnell wie möglich an der Startlinie an den nächsten Spieler übergeben. Es gewinnt die Mannschaft, die zuerst fertig ist.

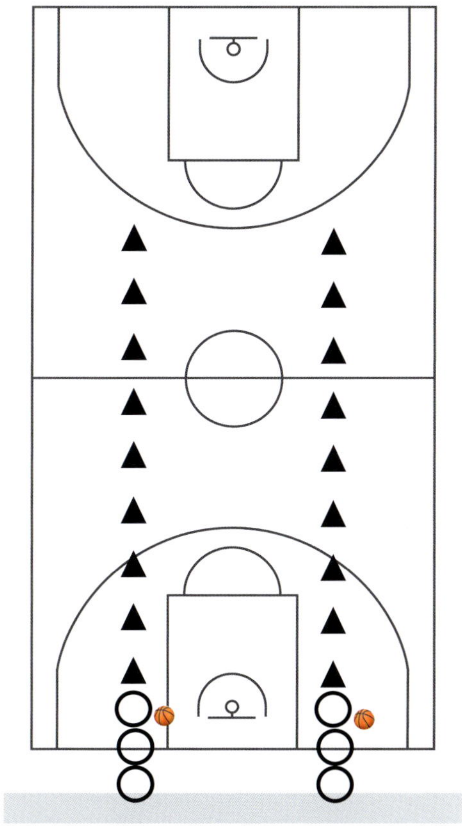

Material

1 Ball je Mannschaft

5 bis 10 Hütchen je Mannschaft

Was wird hier noch trainiert?

Korbleger

Positionswurf

Schnelligkeit

Teaching Points

- Beobachte während des Dribbelns den Parkour vor dir.
- Dribble den Ball im Parkour nah am Körper.
- Dribble den Ball auf langen Sprintstrecken weit vor deinem Körper.

Variationen

- Nach Absolvieren des Hütchenparkours kann ein Korblegertreffer oder ein Wurftreffer (Position festlegen) hinzugefügt werden. Der jeweilige Spieler darf erst nach einem Treffer zurück zu seiner Mannschaft.
- Alternativ kann auch ein an die Wand gezeichnetes Passziel angespielt werden (Passtechniken: Brustpass direkt/Bodenpass, Einhandpass gehalten/aus dem Dribbling direkt/Bodenpass, Hakenpass gehalten/aus dem Dribbling direkt/Bodenpass).
- Die Lehrkraft nennt eine Zahl (eins bis Maximalanzahl der Hütchen). Die jeweils ersten Spieler müssen so schnell wie möglich um das genannte Hütchen dribbeln und die Ziellinie neben der Gruppe überqueren.
- Die Lehrkraft nennt eine zweistellige Zahl. Die Spieler müssen zunächst um das Hütchen der ersten Ziffer und danach um das Hütchen der zweiten Ziffer sprinten. Dazwischen muss die Start-/Ziellinie berührt werden.
- Die Lehrkraft stellt eine Rechenaufgabe. Die Spieler müssen das Ergebnis errechnen und um das jeweilige Hütchen sprinten.

Dribbling

Drills

Dribbelschule statisch

Material

1 Ball je Spieler

Was wird hier noch trainiert?

Hand-Augen-Koordination

Spielbeschreibung

Alle Spieler stellen sich in einem großen Kreis auf. Die Dribbelaufgaben werden von der Lehrkraft vorgegeben.

Dribblings unter Kniehöhe

- Dribblings mit den Fingerspitzen.
- Dribblings vor dem Körper von Fußspitze zu Fußspitze (vor dem Körper, durch die Beine, hinter dem Rücken, Rhythmen wechseln, Kombinationen).
- Dribblings neben dem Dribbelfuß vor und zurück.
- Dribblings im Kreis um den Dribbelfuß.
- Dribblings in Form einer Acht um die Füße.
- Spinnendribblings.
- Umsetzen des Balles zwischen den Beinen.
- Dribblings mit den Fingerspitzen an die Wand (auf der Stelle, von links nach rechts, hoch und runter).

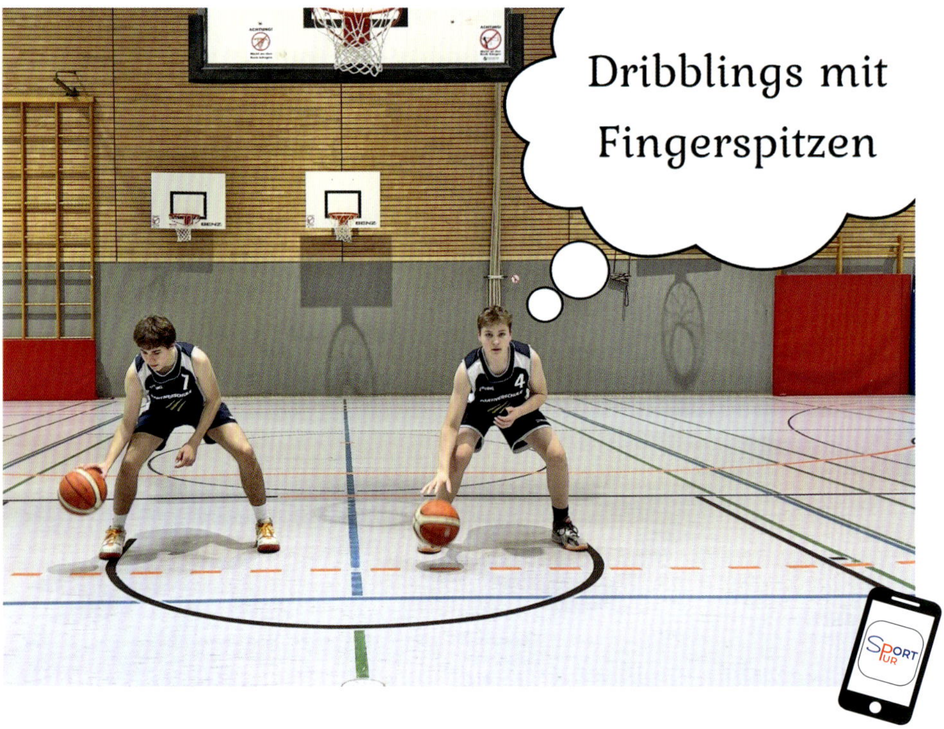

Dribblings unter Hüfthöhe

- Beidhändige Handwechsel.
- Einhändige Handwechsel vor dem Fuß (mit/ohne Zwischendribbling).
- Einhändige Handwechsel vor dem Fuß dann von vorne nach hinten durch die Beine.
- In and Out Dribbling, danach von vorne nach hinten durch die Beine.

Variationen

- Die Lehrkraft/der Trainingspartner versucht den Dribbler durch Schieben aus verschiedenen Positionen aus der Balance zu bringen.
- Die Lehrkraft zeigt mit seinen Fingern Zahlen an. Die Spieler müssen diese akustisch wiedergeben.
- Die Lehrkraft zeigt mit beiden Händen Zahlen an. Die Zahl der linken Hand muss mit der der rechten Hand multipliziert und akustisch wiedergegeben werden.
- Durchführung der Übungen mit geschlossenen Augen.

Teaching Points

- Deine Füße sollten „doppeltschulterbreit“ positioniert sein.
- Schaue während des Dribbelns nach vorne.
- Dribble in einer möglichst hohen Frequenz.
- Dribble hart.
- Schütze deinen Ball mit der anderen Hand.

Dribbelschule in Bewegung

Material

1 Ball je Spieler

Was wird hier noch trainiert?

Hand-Augen-Koordination

Spielbeschreibung

Alle Spieler stellen sich an der Grundlinie des Basketballfeldes auf. Die Dribbelaufgaben werden vom Trainer vorgegeben und jeweils auf dem Hin- und Rückweg ausgeführt.

- Ball um den Körper kreisen (beide Richtungen).
- Gestreckte Arme und den Ball mit den Fingerspitzen hin und her tippeln.
- Tiefe Dribblings mit den Fingerspitzen.
- Hohe Dribblings über Kopfhöhe (Dribbelhand immer über dem Ball).
- Einhändige Dribblings neben dem Dribbelfuß vor und zurück.
- Einhändige Dribblings vor der Fußspitze vor und zurück.
- Den Ball bei jedem Schritt durch die Beine geben.
- Den Ball bei jedem Schritt durch die Beine dribbeln (Zwischendribblings wenn nötig).
- In and out Dribblings.
- In and out Dribblings mit anschließendem Crossover.
- Gedribbelter Handwechsel hinter dem Rücken, dabei auf einer Linie laufen.

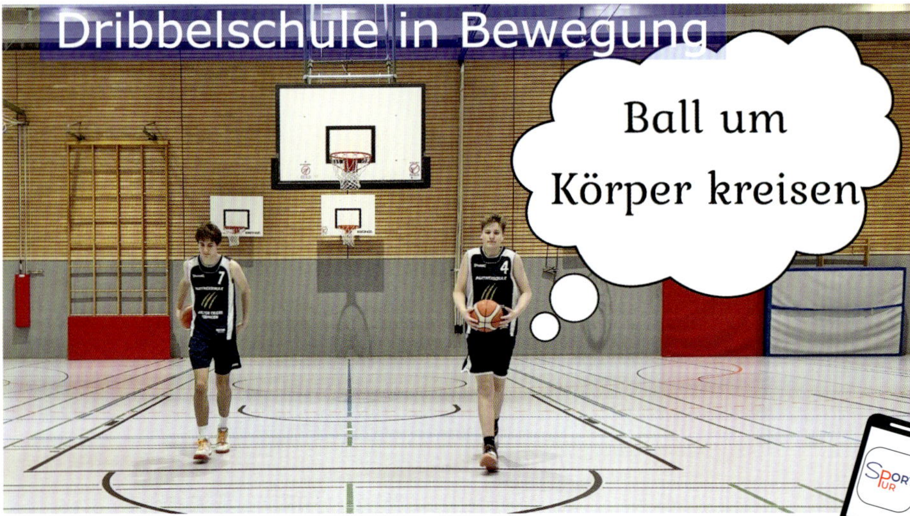

- Gezogener Handwechsel hinter dem Rücken, dabei auf einer Linie laufen.
- Spinmoves, dabei auf einer Linie laufen.
- Handwechsel vor dem Körper.
- Den Ball im Laufen von hinten nach vorne durch die Beine spielen.

Variationen

- Bei großen Gruppen: Aufstellung an der Seitenlinie.
- Bei großen Gruppen: Aufteilung in zwei Kleingruppen und gegenüber an den Grundlinien/Seitenlinien aufstellen. In der Mitte müssen die Spiele sich durch „Vorabkommunikation" ausweichen.
- Zu wenige Bälle: Pärchen einteilen, dabei erledigt ein Spieler die Dribbelaufgabe, während der andere weitere Aufgaben erhält (Seilspringen, Schrittkombinationen, Stabilisationsübungen etc.).
- Kombination der Dribbelübungen mit rückwärts oder seitlichem Laufen.
- Schwache Hand trainieren.
- Kombination der Dribbelübungen mit Bewegungen der allgemeinen Laufschule (Prellsprünge, Anfersen, etc.).

Teaching Points

- Schaue während des Dribbelns nach vorne.
- Dribble in einer möglichst hohen Frequenz.
- Dribble hart.
- Schütze den Ball mit der anderen Hand.

Crossover Drill

Material

1 Ball je Spieler

Was wird hier noch trainiert?

Wahrnehmungs-
fähigkeit

Kommunikation

Spielbeschreibung

Dieser Drill eignet sich besonders gut als Teil eines Aufwärmprogramms mit großen Gruppen. Alle Spieler stellen sich an den Seitenlinien des Basketballfeldes mit jeweils einem Ball auf. Jeder Spieler sollte einen direkten Gegenspieler haben. Auf ein Signal dribbeln die Spieler aufeinander zu. Kurz vor dem Aufeinandertreffen führen beide Spieler einen Handwechsel aus und dribbeln aneinander vorbei. Es ist darauf zu achten, dass beide Spieler mit der gleichen Dribbelhand beginnen.

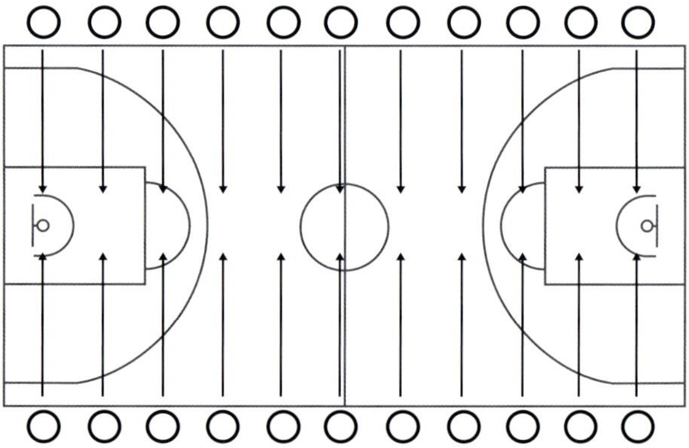

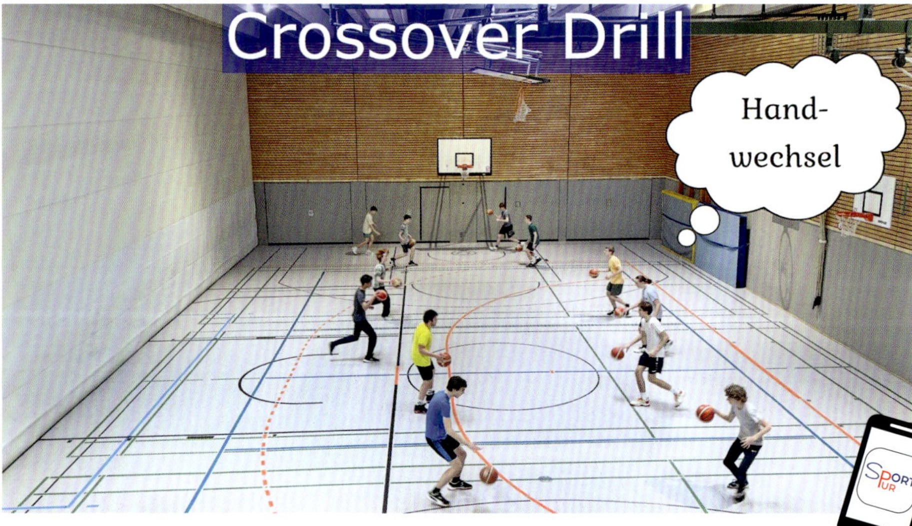

Es bieten sich folgende Handwechsel an:

- Handwechsel vor dem Körper.
- Handwechsel durch die Beine.
- Handwechsel hinter dem Rücken (gedribbelt, gezogen).
- Spinmove.
- Hesitation Dribbling.
- Hesitation Dribbling mit anschließendem Handwechsel.
- In and Out Dribbling.
- In and Out Dribbling mit anschließendem Handwechsel.

Variationen

- Laufgeschwindigkeit im Dribbling bis zum Sprint erhöhen.
- Spielerabstand beim Handwechsel verringern.
- Dribbelaufgaben vor dem Handwechsel geben (durch die Beine dribbeln, In and Out Dribblings etc.).

Teaching Points

- Schaue während des Dribbelns nach vorne.
- Kommuniziere über Blickkontakt mit deinem Partner.
- Beschleunige nach dem Handwechsel auf deine maximale Geschwindigkeit.
- Schütze deinen Ball nach dem Handwechsel mit der anderen Hand.

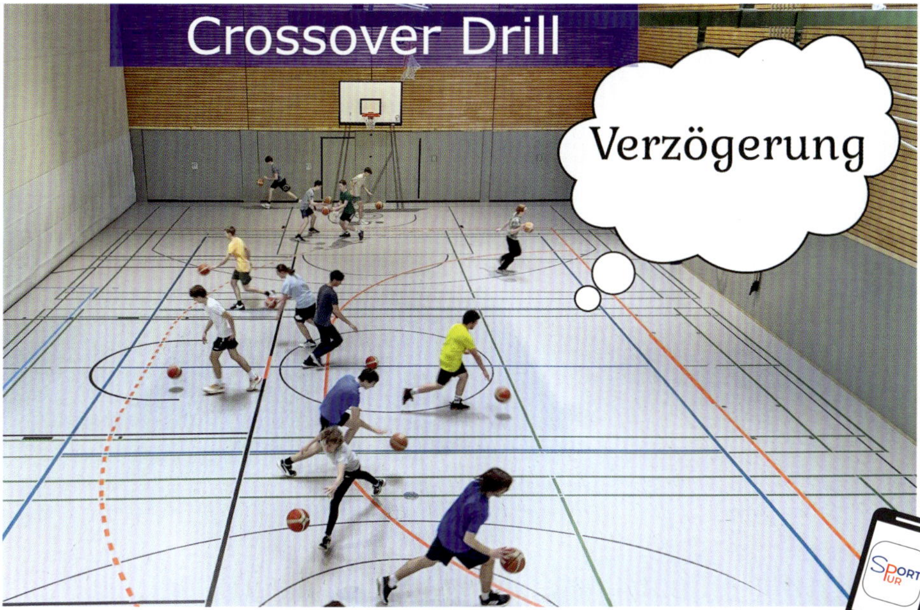

Slalom Drill

Material

1 Ball je Spieler

10 Hütchen

Was wird hier noch trainiert?

Wahrnehmungsfähigkeit

Schnelligkeit

Übungsbeschreibung

Auf der Korb-Korb-Linie werden zehn Hütchen in gleichen Abständen platziert. Die Spieler starten vor dem ersten Hütchen und arbeiten sich bis zum Ende der Hütchenlinie voran. Folgende Dribbelaufgaben können für den Slalomparkour vorgegeben werden:

- Slalomlauf mit kleinen Dribblings unter Kniehöhe (vorwärts/rückwärts, links/rechts).
- Handwechsel (vor dem Körper, durch die Beine, hinter dem Rücken) mit Zwischendribbling.

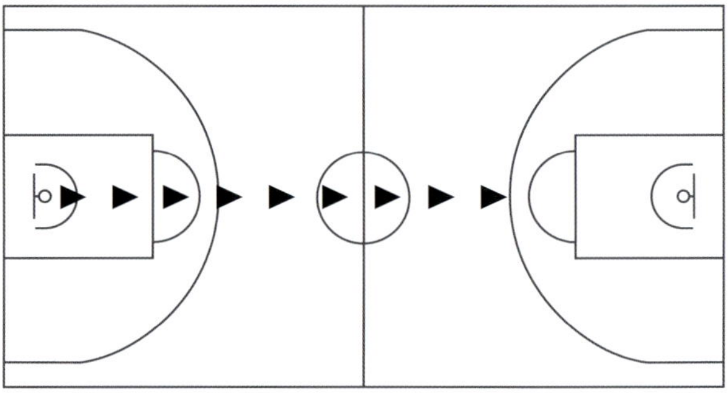

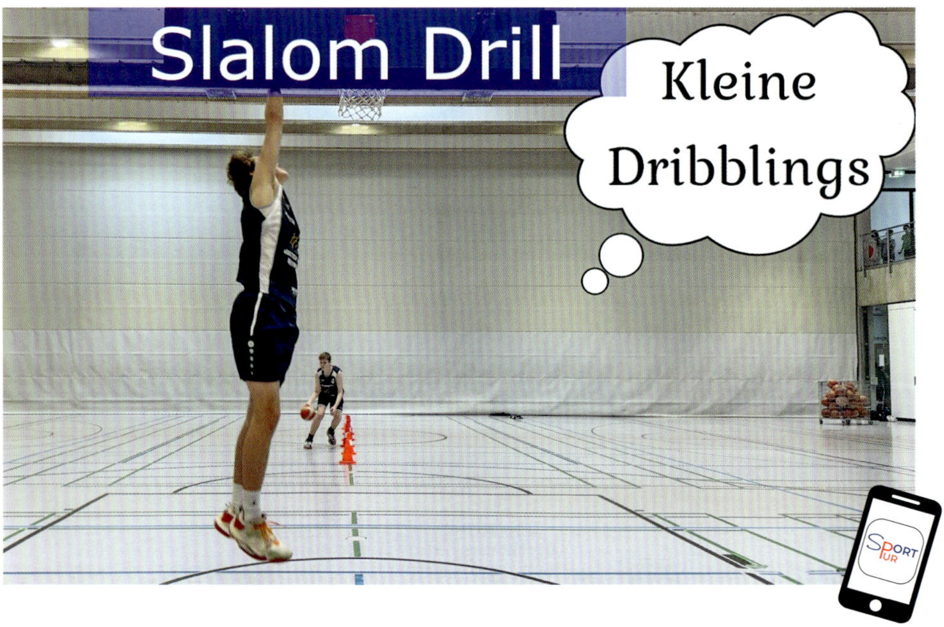

- Doppelter/dreifacher Handwechsel (Kombinationen aus vor dem Körper, durch die Beine, hinter dem Rücken).
- Mit Zwischendribbling.
- Nach jedem Handwechsel mit der freien Hand das Hütchen berühren.
- Handwechselvariationen vor jedem Hütchen, dabei immer zwei Hütchen nach vorne und ein Hütchen zurück.
- Seitlich an den Hütchen vorbeibewegen, mit der Innenhand das Hütchen berühren, mit den Beinen tief gehen und dabei viele kleine Dribblings durchführen, daraufhin ein Hütchen weiter gehen und dabei ein hohes Dribbling ausführen.
- Wie oben beschrieben, nun immer zwei Dribblings nach vorne und eines zurückbewegen.

Teaching Points

- Schaue während des Dribbelns nach vorne.
- Setze harte Dribblings Richtung Boden.
- Schütze deinen Ball zu jeder Zeit mit deiner Schutzhand, sowie mit deinem Körper.

Variationen

- Korbleger oder Wurfabschlüsse nach dem letzten Hütchen.
- Nächste Dribbelaufgabe, sobald ein Spieler eine vorgegebene Trefferanzahl erreicht.
- Nummer eines Hütchens ansagen. Der Spieler sprintet zum Hütchen mit der entsprechenden Nummer und erledigt die Dribbelaufgaben ab diesem Hütchen.
- Wie in Punkt drei, nur mit einfachen Rechenaufgaben, welche ein Ergebnis zwischen eins und zehn haben.

Zickzack Drill

Material

1 Ball je Spieler

11 Hütchen

Was wird hier noch trainiert?

Spielübersicht

Korblegervariationen

Passen aus dem Dribbling

Übungsbeschreibung
Ab der Grundlinie werden elf Hütchen aufgestellt. Die Spieler starten auf einer der beiden Seiten und bekommen verschiedene Aufgaben zur Durchquerung des Par-

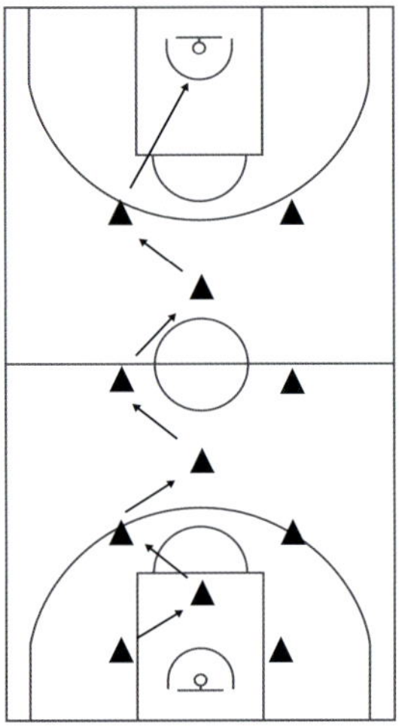

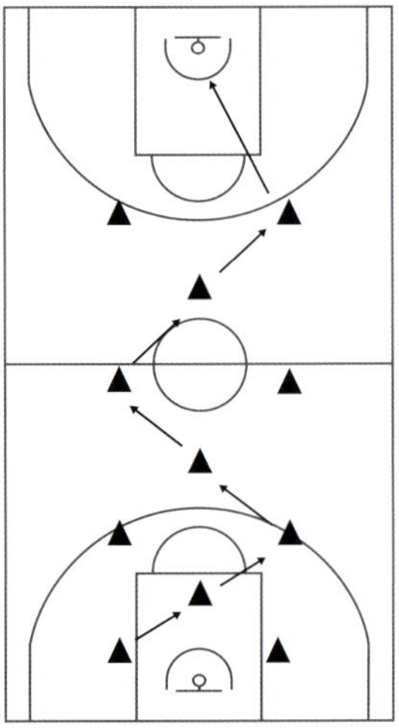

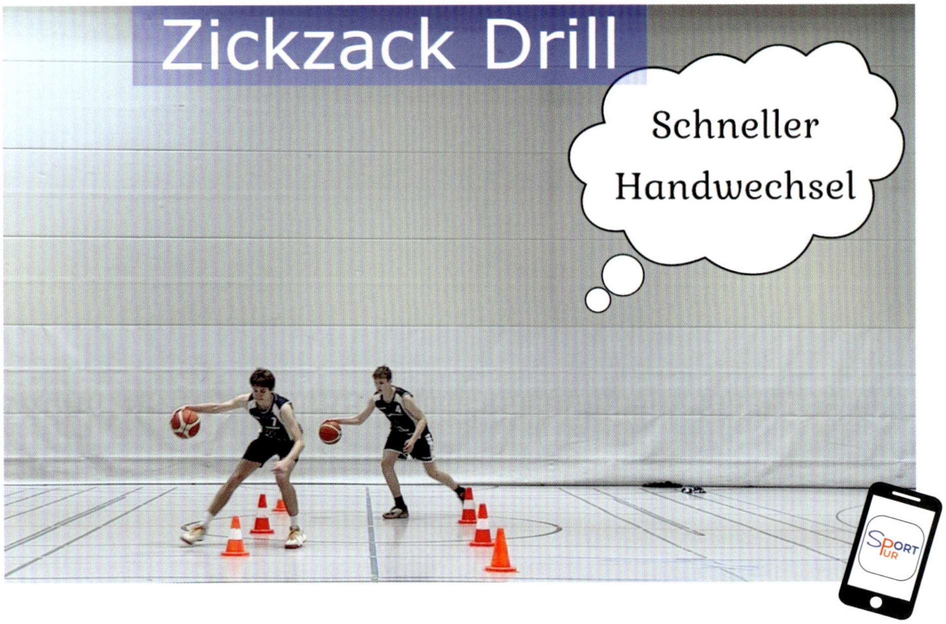

kours. Grundsätzlich gilt: Vor jedem Hütchen wird eine Crossover-Variation ausgeführt. Außerdem erfolgt am Ende des Feldes ein Korbabschluss.

Variationen

- Die Crossover können durch die Lehrkraft beliebig vorgegeben werden:
  - einfacher/dreifacher Crossover.
  - vor dem Körper/durch die Beine/hinter dem Rücken.
- Die Abschlüsse können vorgegeben werden:
  - Korbleger rechts
  - Korbleger links
  - Spinnmove-Korbleger
  - Powermove-Korbleger
  - Positionswurf
  - Sprungwurf
- Die Lehrkraft zeigt mit den Fingern Zahlen an, welche die Spieler während des Dribblings wiedergeben müssen.
- Die Lehrkraft zeigt mit den Finger Zahlen an, welche addiert/multipliziert werden müssen.

Teaching Points

- Dribble den Ball nah am Körper.
- Bringe den Ball beim Crossover schnell von der einen in die andere Hand.
- Gehe beim Dribbling tief in die Knie.
- Schütze den Ball mit deinem anderen Arm und mit deinem Körper.
- Schaue während des Dribbelns nach vorne.
- Arbeite mit Tempowechseln.
- Maximiere die Intensität im Drill und ruhe dich auf dem Rückweg aus.

Dribbelkoordination

Material

2 Bälle je Spielerpaar

1 Hütchen je Spielerpaar

Was wird hier noch trainiert?

Einhändige Pässe

Koordination

Korbabschlüsse

Teaching Points

- Setze feste Dribblings.
- Schaue während des Dribbelns nach vorne.
- Gehe beim Dribbling tief in die Knie.
- Fokussiere dich auf den Pass, während die andere Hand den Ball dribbelt.
- Zeige dem Passgeber mit der freien Hand an, wohin gespielt werden soll.
- Spiele präzise Pässe in die Hand des Mitspielers.
- Führe einen schnellen Doppelcrossover aus.

Übungsbeschreibung

Zwei Spieler stehen sich im Abstand von ca. drei Metern gegenüber. Spieler 1 startet an der Grundlinie und dribbelt den Ball mit seiner starken Hand. Spieler 2 wirft ihm auf seine freie Hand einen zweiten Ball in verschiedenen Varianten zu. Die Übung kann in der Vorwärtsbewegung oder in der Rückwärtsbewegung von Grundlinie zu Grundlinie ausgeführt werden. Alternativ ist die Übung auch während dem Stehen in Gassenaufstellung durchführbar.

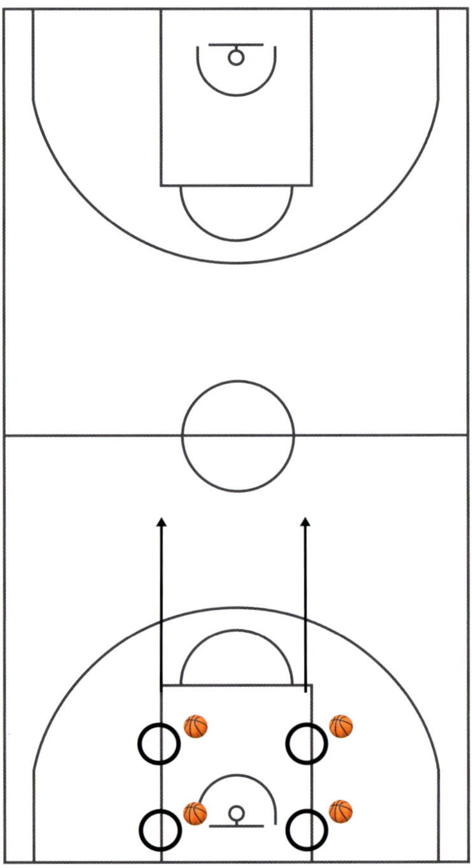

1) S1 dribbelt mit der starken Hand. S2 passt den Ball von unten auf die schwache Hand von S1. S1 passt den Ball zurück (Wechsel der Dribbel- und Passhand).
2) Wie oben, jedoch erfolgt der Pass als einhändiger Druckpass zum Mitspieler und soll über Schulterhöhe gefangen und zurückgepasst werden.
3) S1 dribbelt den Ball neben seinem Fuß mit einer Hand vor und zurück. Der Rest erfolgt wie unter 1) bzw. 2).
4) S1 dribbelt den Ball vor der Fußspitze mit einer Hand im Wechsel nach links und rechts. Der Rest erfolgt wie oben unter 1) bzw. 2).
5) Nach jedem zurückgespielten Pass muss S1 einen doppelten Crossover ausführen (z. B. vor dem Körper, durch die Beine, hinter dem Rücken, Kombinationen), bevor er den nächsten Pass erhält.

Variationen

- Nachdem das Spielerpaar eine Bahn von der Grundlinie bis zur gegenüberliegenden Drei-Punkte-Linie absolviert hat, erfolgt ein Korbabschluss per Wurf oder Korbleger.
- An der Drei-Punkte-Linie wird ein Hütchen aufgestellt, vor dem ein Crossover ausgeführt wird, bevor der Spieler einen Korbabschluss absolviert.

Dribbling mit zwei Bällen

Material

2 Bälle je Spieler

Was wird hier noch trainiert?

Spielübersicht

Koordination

Übungsbeschreibung

Alle Spieler stellen sich so auf, dass für jeden ausreichend Raum zur Verfügung steht. Als Grundposition eignet sich ein schulterbreiter Stand, sowie eine gebeugte Knieposition mit tiefem Körperschwerpunkt. Alle Übungen können auch in Bewegung ausgeführt werden.

- Beide Bälle im gleichen Rhythmus dribbeln.
- Beide Bälle alternierend dribbeln.
- Kniehohe, hüfthohe, schulterhohe Dribblings mit beiden Bällen (gleichzeitig oder alternierend).
- Mit dem einen Ball tiefe Dribblings (unter Kniehöhe), mit dem anderen hohe Dribblings (z. B. Schulterhöhe).
- Beide Bälle auf der Außenseite der Füße einhändig vor und zurück dribbeln.
- Einen Ball auf Höhe der Fußspitze dribbeln, den anderen neben der Fußaußenseite vor und zurück dribbeln.

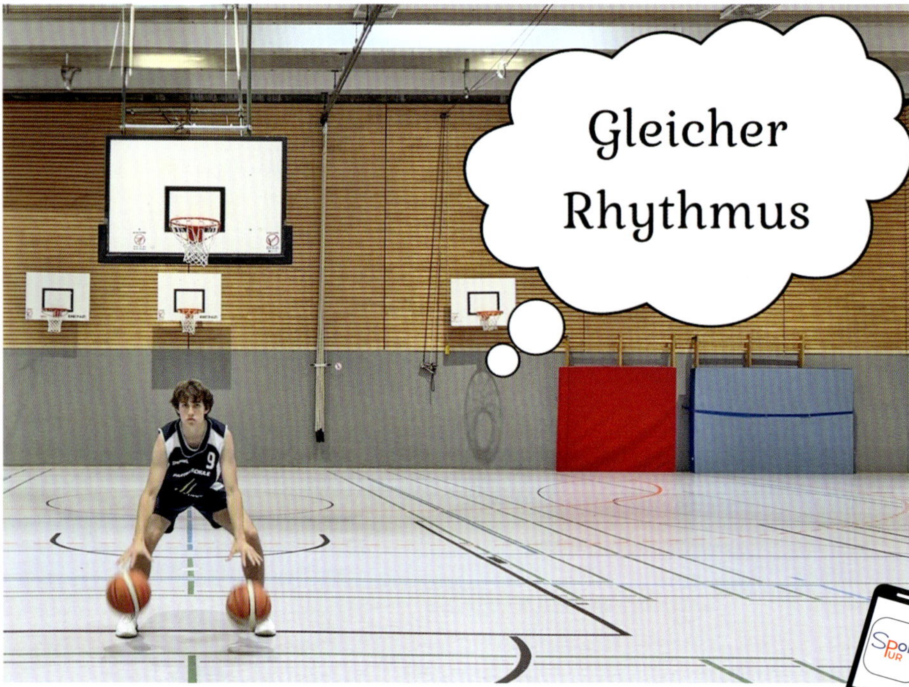

- Beide Bälle einhändig vor der Fußspitze seitlich hin und her dribbeln.
- Einen Ball auf Höhe der Fußspitze dribbeln, mit dem anderen vor der Fußspitze seitlich hin und her dribbeln.
- Mit einem Ball unterhalb der Hüfte einen Handwechsel durchführen, während der andere Ball oberhalb der Hüfte in die andere Hand gegeben wird (hin und zurück oder in einer Kreisbewegung).
- Einen Ball mit dem Fuß führen, den anderen Ball dribbeln (Dribbelvariationen, siehe oben).
- Einen Ball gerade hochwerfen, während mit dem anderen Ball ein doppelter Handwechsel durchgeführt wird.

Teaching Points

- Schaue während des Dribbelns nach vorne.
- Dribble in hoher Dribbelfrequenz.
- Achte auf harte Dribblings.

Variationen

- Übungen in der Bewegung nach vorne ausführen.
- Übungen in einer Rückwärtsbewegung ausführen.
- Übungen in einer Seitwärtsbewegung ausführen.
- Handwechselvariationen: vor dem Körper, durch die Beine, hinter dem Rücken.

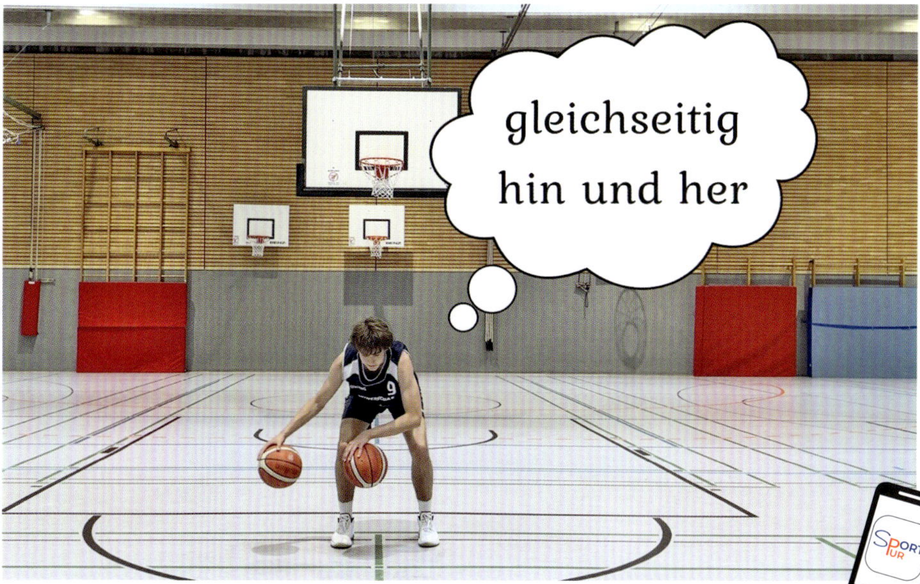

Passen

Kleine Spiele

Monkey in the middle

Tag Ball

Zahlenpassen

Mannschaftspassen

Monkey in the middle

Material

1 Ball je 3er-Team

Was wird hier noch trainiert?

Fintieren

Verteidigen am Ball

Teaching Points

Außenspieler

- Zeige deinem Mitspieler mit den Händen an, wohin der Pass gespielt werden soll.
- Spiele feste und geradlinige Pässe.
- Nutze Passtäuschungen.
- Nutze den Sternschritt.

Innenspieler

- Stelle dich vor den Spieler mit Ball.
- Versuche den Ball mit deinen Händen zu spiegeln.
- Sprinte mit dem Pass zum nächsten Spieler.

Spielbeschreibung

Für dieses Spiel werden Gruppen mit jeweils drei Spielern gebildet. Zwei der Spieler stehen sich im Abstand von ca. fünf bis sechs Metern gegenüber und passen den Ball hin und her. Der dritte Spieler befindet sich zwischen den beiden Angreifern und muss versuchen, den Ball mit der Hand zu berühren, um sich zu befreien. Gelingt dem Verteidiger eine Ballberührung, wird er zum Angreifer. Der angreifende Spieler mit dem letzten Ballkontakt muss in die Mitte und wird zum Verteidiger.
Den beiden Angreifern ist es nicht gestattet, hohe Pässe mit bogenförmiger Flugbahn zu spielen. Es sind nur geradlinige Pässe und Bodenpässe gestattet.

Variationen

- Ein Dribbling nach Ballerhalt erlauben.
- Fünf Außenspieler und zwei Spieler in der Mitte.
- Die Anzahl der Bälle erhöhen.
- Berühren des Balles mit zwei Händen nötig, um einen Stop zu erlangen.

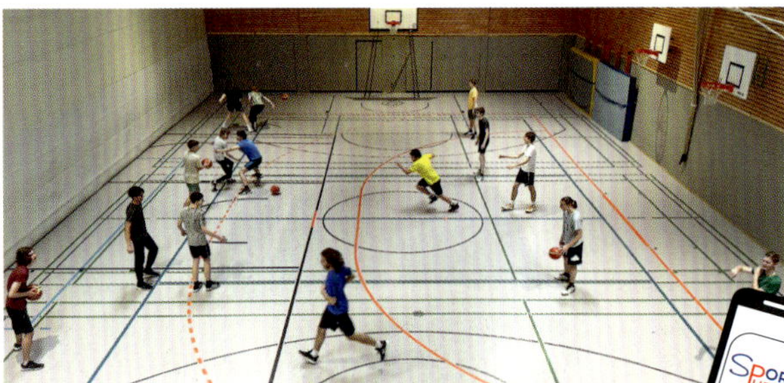

Tag Ball

Spielbeschreibung
Vor Spielbeginn werden zwei Mannschaften gebildet und das Spielfeld definiert. Bei fünf bis sechs Spielern je Mannschaft bietet sich als Spielfeld die Hälfte des Basketballfeldes an. Mannschaft A startet als angreifendes Team und muss innerhalb einer Minute versuchen, so viele gegnerische Spieler wie möglich mit dem Ball zu berühren. Mit dem Ball in der Hand darf nicht gelaufen werden. Ein Sternschritt ist erlaubt. Ohne Ball sind unbegrenzt viele Schritte erlaubt. Die verteidigende Mannschaft versucht möglichst geschickt auszuweichen und Kontakte mit dem Ball zu verhindern. Nach einer Minute tauschen die beiden Mannschaften die Rollen. Nun versucht das andere Team möglichst viele Ball-Gegner-Kontakte zu sammeln. Der Lehrer/Trainer zählt die Kontakte und ermittelt nach zum Beispiel zwei Spielrunden die Siegermannschaft.

Material

1 Ball

2 Mannschaften

Was wird hier noch trainiert?

Orientierungsfähigkeit

Schnelligkeit

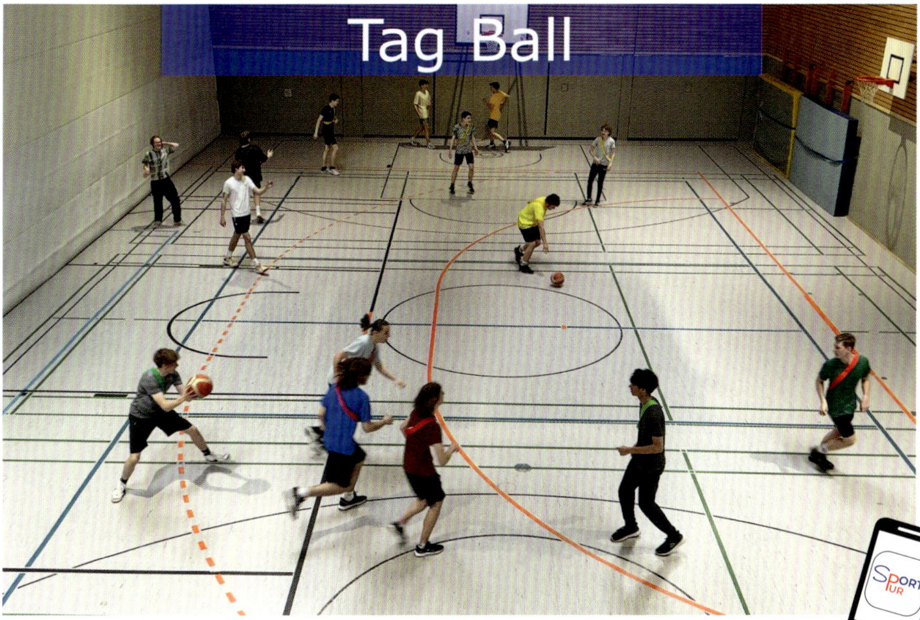

Teaching Points

- Zeige deinem Mitspieler mit den Händen ein Passziel.
- Spiele feste und geradlinige Pässe.
- Versuche schnelle Entscheidungen zu treffen.
- Arbeite mit Pass-täuschungen.

Variationen

- Das Spielfeld verkleinern.
- Einen zweiten Ball hinzufügen.
- Ein Dribbling je Ballkontakt erlauben.
- Gefangene Spieler scheiden aus.
- Passtechniken vorgeben:
  - Brustpässe direkt
  - Brustpässe als Bodenpass
  - Einhandpässe links/rechts direkt
  - Einhandpässe links/rechts als Bodenpass
  - Überkopfpässe
  - Behind-the-back-Pässe

Zahlenpassen

Material

1 Ball je Mannschaft

Mind. 2 Mannschaften

Was wird hier noch trainiert?

Orientierungsfähigkeit

Schnelligkeit

Teaching Points

- Zeige deinem Mitspieler mit den Händen ein Passziel.
- Bewege dich dem gepassten Ball entgegen.
- Spiele feste und geradlinige Pässe.
- Versuche schnelle Entscheidungen zu treffen.

Spielbeschreibung

Jede Mannschaft erhält einen Ball. Die Spieler jedes Teams erhalten jeweils eine Nummer.
Beispiel: Bei fünf Spielern werden die Nummern eins bis fünf verteilt. Gespielt wird innerhalb einer Basketballfeldhälfte. Die Mannschaften haben die Aufgabe, den Ball in der Reihenfolge der Spielernummern so schnell wie möglich zu passen. Jeder Pass wird dabei laut gezählt. Sobald der Lehrer/Trainer ein Signal gibt, muss die Passreihenfolge umgekehrt werden. Das Team, das nach Ablauf der Spielzeit (z. B. zwei Minuten) die meisten Pässe gesammelt hat, gewinnt das Spiel.

Variationen

- 2 Bälle je Mannschaft.
- Passvarianten vorgeben.
- Strafpunkt, wenn ein Spieler den Ball länger als 3 Sekunden in der Hand hält.
- Nach 20 Pässen darf die Mannschaft einmal von der Freiwurflinie auf den Korb werfen. Ein Treffer ergibt 10 Extrapunkte.
- Nach jedem Pass muss eine Aufgabe erledigt werden:
  - Gegenüberliegende Spielfeldecke berühren
  - Highfive mit dem Trainer
  - 3 Liegestütze
  - 3 Kniebeugen
  - 2 Burpees
  - 2 Ausfallschrittsprünge

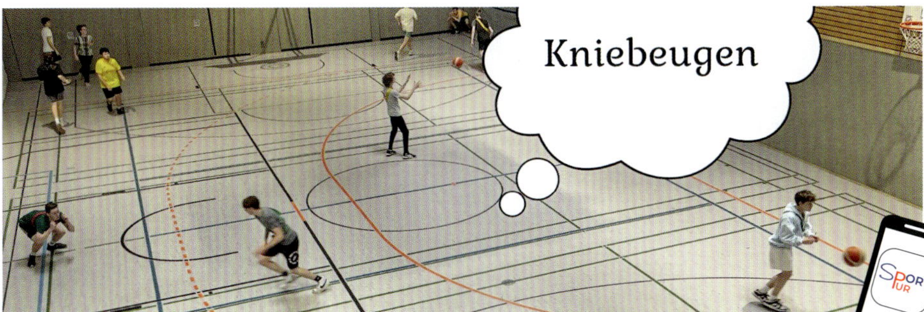

Mannschaftspassen

Material

1 Ball, 2 Korbanlagen

2 Mannschaften

Was wird hier noch trainiert?

Verteidigung am Ball

Verteidigung im Passweg

Spielbeschreibung

Benötigt werden zwei Mannschaften mit jeweils drei bis sechs Spielern. Gespielt wird auf das reguläre Basketball-Spielfeld. Mannschaft A startet auf einer Hälfte des Spielfeldes im Angriff und versucht zehn Pässe in Folge zu spielen, ohne dass die verteidigende Mannschaft an den Ball kommt. Gelingt es Mannschaft B den Ball abzufangen, wird diese zum angreifenden Team. Mit dem Ball in der Hand darf nicht gedribbelt oder gelaufen werden. Die Ausführung eines Sternschrittes ist erlaubt. Nach zehn erfolgreichen Pässen erhält die jeweilige Mannschaft einen Punkt und der Ball wechselt zum anderen Team.

In einer erweiterten Spielform wird nach zehn erfolgreichen Pässen das gesamte Spielfeld geöffnet und die angreifende Mannschaft versucht, einen Korb auf der gegenüberliegenden Seite des Spielfeldes zu erzielen. Sie darf so lange angreifen, bis sie einen Punkt macht, oder der Gegner in Ballbesitz kommt. Ein Treffer ergibt

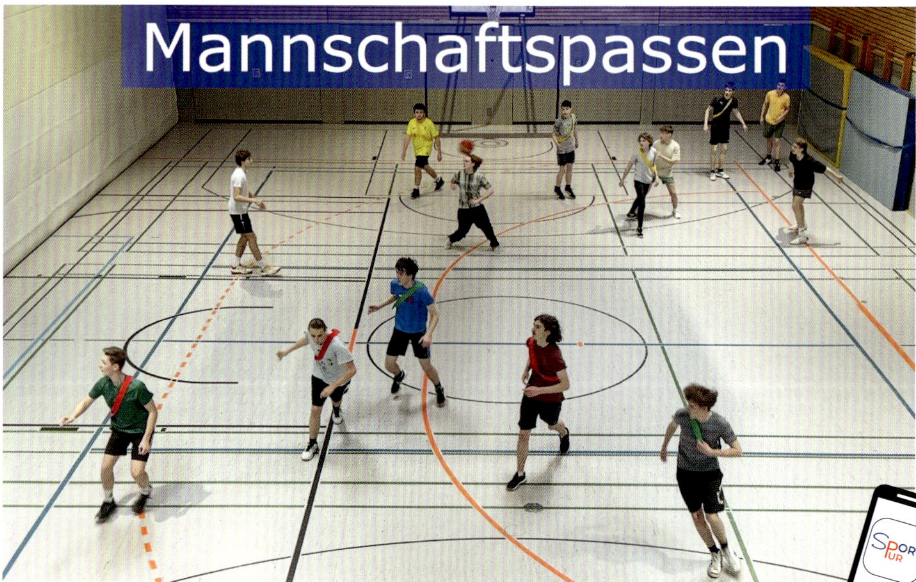

einen zusätzlichen Punkt. Dribblings sind nicht gestattet.

Variationen

- Ballbesitzwechsel wenn ein Spieler den Ball länger als fünf Sekunden in der Hand hält.
- Nach zehn Pässen sind Dribblings erlaubt.
- Nach jedem Pass muss eine Aufgabe erledigt werden:
  - Gegenüberliegende Spielfeldecke berühren.
  - Highfive mit dem Lehrer/Trainer.
  - Liegestütze oder andere Kräftigungsformen.

Teaching Points

Angreifer

- Laufe dich in den offenen Raum frei.
- Überwinde deinen Gegner durch Lauftäuschungen.
- Zeige deinem Mitspieler mit den Händen ein Passziel.
- Bewege dich dem gepassten Ball entgegen.
- Spiele feste und geradlinige Pässe.
- Kommuniziere mit deinen Mitspielern.
- Versuche, schnelle Entscheidungen zu treffen.

Verteidiger

- Schirme den ballführenden Spieler mit deinem Körper und den Armen ab.
- Stelle dich auf die gedachte Linie zwischen deinen direkten Gegenspieler und dem Gegenspieler mit Ball.

Passen

Drills

Passvarianten aus dem Stand

Passvarianten aus dem Dribbling

Passen mit zwei Bällen

Banana Drill

Runner Drill

Baseball Drill

Passvarianten aus dem Stand

Material

1 Ball je Paarung

Was wird hier noch trainiert?

Koordination

Verschiedene Passarten

Teaching Points

- Zeige deinem Mitspieler mit deinen Händen ein Passziel.
- Baue Blickkontakt zu deinem Mitspieler auf, bevor du den Ball passt.
- Spiele feste und geradlinige Pässe.

Übungsbeschreibung

Jeweils zwei Spieler stehen sich im Abstand von drei bis fünf Metern gegenüber und spielen sich mit den folgenden Passvarianten den Ball zu.

1. Brustpass

Der Ball wird mit beiden Händen gleichzeitig von der eigenen Brust Richtung Mitspieler gepasst. Dabei werden die Arme in Richtung Mitspieler gestreckt und die Hände nach außen abgeklappt. Als Ziel kann das Kinn des Mitspielers anvisiert werden. Mit dem Pass erfolgt ein Schritt nach vorne. Bei der Ballannahme wird ein Schritt nach hinten ausgeführt.

Variationen

Der Ball wird als Bodenpass gespielt. Dabei berührt dieser auf ⅔ der Strecke den Boden.

2. Überkopfpass

Der Ball befindet sich in beiden Händen vor der Stirn des Passgebers. Nach einer leichten Ausholbewegung werden die Hände nach außen abgeklappt und die Daumen zeigen Richtung Boden. Mit dem Pass erfolgt ein Schritt nach vorne. Bei der Ballannahme wird ein Schritt nach hinten ausgeführt. Dieser Pass eignet sich besonders, um weitere Distanzen zu überwinden.

3. Einhandpass

Der Ball wird wie in der Wurfausgangslage gehalten. Dabei befindet sich die Passhand hinter dem Ball und die andere Hand als Stützhand seitlich am Ball. Nun erfolgt ein Schritt mit dem äußeren Fuß zur Passhandseite. Parallel dazu wird der Passarm zum Mitspieler ausgestreckt und die Hand nach unten abgeklappt.

Variationen

- Der Ball wird als Bodenpass gespielt.
- Der Ball wird abwechselnd mit der linken und rechten Hand gepasst.

4. Hakenpass

Um einen Hakenpass auszuführen, erfolgt ein weiter Schritt mit dem Außenbein zur Seite. Parallel dazu wird der Ball zunächst mit beiden Händen, und gegen Ende der Bewegung nur noch mit der Außenhand, zur Seite geführt. Sobald der Außenarm gestreckt ist, erfolgt der Pass, eingeleitet durch das Abklappen der Hand Richtung Mitspieler.

Variationen
- Der Ball wird als Bodenpass gespielt.
- Der Ball wird abwechselnd mit der linken und rechten Hand gepasst.

5. Pocketpass

Für den Pocketpass wird der Ball in der Wurfausgangslage gehalten. Dabei befindet sich die Passhand hinter dem Ball und die andere Hand als Stützhand seitlich am Ball. Nun erfolgt ein Kreuzschritt mit dem Außenbein auf die Innenseite. Der Ball befindet sich auf Höhe der Hosentasche und wird nun durch ein Abklappen des Handgelenks der Passhand zum Partner gespielt. Der Pocketpass wird in der Regel als Bodenpass gespielt.

Variationen
- Der Ball wird als direkter Pass gespielt.
- Der Ball wird abwechselnd mit der linken und rechten Hand gepasst.

6. Pässe nach Täuschung

Alle aufgeführten Passvarianten können mit einer vorgezogenen Täuschung kombiniert werden.

Täuschungen
- Schritttäuschung zur Gegenseite.
- Schritttäuschung mit anschließender Sternschrittdrehung.
- Wurftäuschung.
- Passtäuschung.

7. Passen in der Bewegung

Alle Passvarianten können auch in der Bewegung nach vorne ausgeführt werden. Dabei stellen sich zwei Spieler auf Höhe der Zonenränder gegenüber auf und bewegen sich passend Richtung Grundlinie. Alternativ kann ein Korbabschluss hinzugenommen werden.

Passvarianten aus dem Dribbling

Material

1 Ball je Paarung

Was wird hier noch trainiert?

Koordination

Dribbling

Teaching Points

- Zeige deinem Mitspieler mit deinen Händen ein Passziel.
- Baue Blickkontakt zu deinem Mitspieler auf, bevor du den Ball passt.
- Spiele feste und geradlinige Pässe.

Übungsbeschreibung

Jeweils zwei Spieler stehen sich im Abstand von drei bis fünf Metern gegenüber und spielen sich mit den folgenden Passvarianten den Ball zu.

1. Einhandpass aus dem Dribbling

Der Passgeber dribbelt den Ball auf Höhe der Fußspitze mit hüfthohen Dribblings. Nach dem fünften Dribbling wird ein einhändiger Pass ohne Stützhand eingeleitet. Dabei wird der Ball nach dem letzten Dribbling mit der Hand angesaugt und anschließend mit einer kräftigen Armstreckung Richtung Mitspieler gepasst. Die Passhand wird dabei nach unten abgeklappt.

Variationen

- Der Ball wird als direkter Hakenpass gespielt.
- Der Ball wird als Hakenpass über den Boden gespielt.
- Der Ball wird abwechselnd mit der linken und rechten Hand gepasst.

2. Einhandpass mit angetäuschtem Handwechsel

Nach der Ballannahme erfolgt ein Dribbling auf der Stelle und ein angetäuschter Handwechsel vor der Fußspitze mit zwei Dribblings, bevor der Ball ohne Stützhand mit einer kräftigen Armstreckung Richtung Mitspieler gepasst wird. Das Handgelenk der Passhand wird dabei nach unten abgeklappt.

Variationen

- Der Ball wird als direkter Hakenpass gespielt.
- Der Ball wird als Hakenpass über den Boden gespielt.
- Der Ball wird abwechselnd mit der linken und rechten Hand gepasst.

3. Einhandpass mit Handwechsel

Nach der Ballannahme erfolgt ein Dribbling auf der Stelle mit anschließendem Handwechsel vor dem Körper auf die andere Hand. Danach wird ohne ein weiteres Dribbling der Einhandpass, wie oben beschrieben, eingeleitet.

Variationen

- Handwechsel durch die Beine.
- Handwechsel hinter dem Rücken.

4. Einhandpass mit doppeltem Handwechsel

Nach der Ballannahme erfolgt ein Dribbling auf der Stelle mit anschließendem doppelten Handwechsel vor dem Körper (z. B. durch die Beine, hinter dem Rücken). Danach wird ohne ein weiteres Dribbling der Einhandpass, wie oben beschrieben, eingeleitet.

Passen mit zwei Bällen

Material

2 Bälle je Paarung

Was wird hier noch trainiert?

Koordination

Dribbling

Teaching Points

- Zeige deinem Mitspieler mit deinen Händen ein Passziel.
- Baue Blickkontakt zu deinem Mitspieler auf, bevor du den Ball passt.
- Spiele feste und geradlinige Pässe.

Übungsbeschreibung

Jeweils zwei Spieler stehen sich im Abstand von drei bis fünf Metern gegenüber und spielen sich mit den unten gelisteten Passvarianten den Ball zu. Jeder Spieler hat dabei einen Ball.

1. Brustpass mit 2 Bällen

Spieler A passt seinen Ball per Brustpass zu Spieler B. Spieler B wirft seinen Ball vor dem Erhalt des Passes gerade nach oben, fängt den Ball von Spieler A und passt ihn sofort als Brustpass wieder zurück. Anschließend fängt Spieler B den zuvor hochgeworfenen Ball. Der Vorgang wird mehrere Male durchgeführt, bevor es zum Rollentausch kommt.

Variationen

- Es wird ein Einhandpass gespielt.
- Durchführung der Übung mit drei Bällen.

2. Einhandpass mit 2 Bällen

Spieler A passt Spieler B seinen Ball per Einhandpass auf direktem Weg zu. Spieler B muss parallel dazu mit einem einhändigen Bodenpass über die andere Seite antworten. Spielt A einen einhändigen Bodenpass, so muss B mit einem direkten Pass antworten.

Variationen

- Pässe mit der schwächeren Hand.
- Abstand vergrößern.

3. Bodenpass und Direktpass mit 2 Bällen

Spieler A passt den Ball immer wieder per direkt Brustpass zu Spieler B. Spieler B spielt Brustpässe als Bodenpass zu Spieler A.

Variationen

- Die beiden Spieler spielen Boden- und Direktpässe im Wechsel.
- Boden- und Direktpässe werden als Einhandpässe gespielt.

4. Überkopfpass mit Fußkoordination

Die beiden Spieler passen sich einen Ball per Überkopfpass hin und her. Parallel dazu müssen sie den anderen Ball am Boden mit dem Fuß passen.

Variationen

- Brustpass, Einhandpass, Hakenpass.
- Passen mit dem schwächeren Fuß.

5. Einhandpass aus dem Dribbling mit 2 Bällen

Beide Spieler führen nach der Ballannahme ein Dribbling vor der Fußspitze mit anschließendem Einhandpass ohne Stützhand aus.

Variationen

- Pässe mit der schwächeren Hand.
- Einhandpass mit angetäuschtem Handwechsel.
- Einhandpass mit einfachem Handwechsel (vor dem Körper, durch die Beine, hinter dem Rücken).
- Einhandpass mit doppeltem Handwechsel.

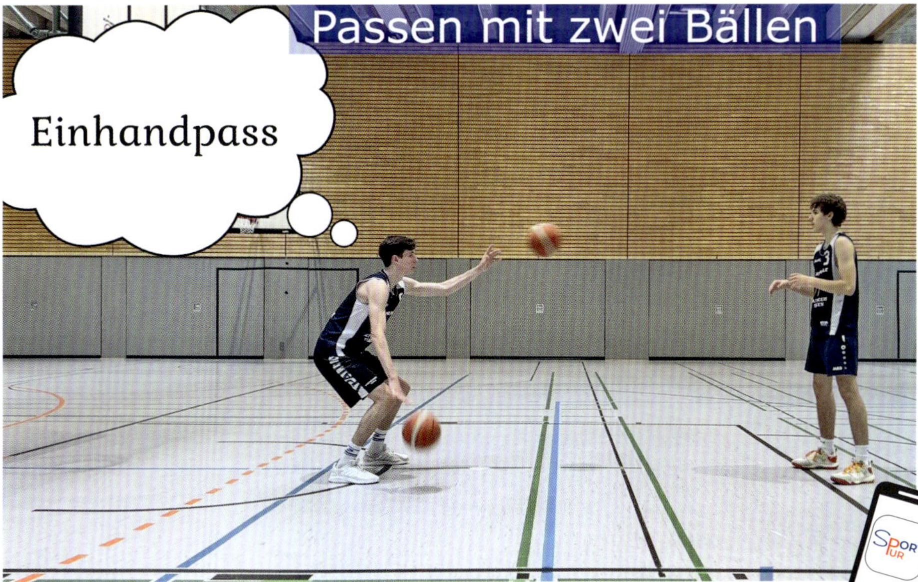

Banana Drill

Material

2–3 Bälle

1 Korbanlage

Was wird hier noch trainiert?

Pässe

Korbleger

Schnelligkeit

Teaching Points

- Zeige deinem Mitspieler mit den Händen ein Passziel.
- Spiele feste und geradlinige Pässe.
- Sprinte auf die nächste Position.

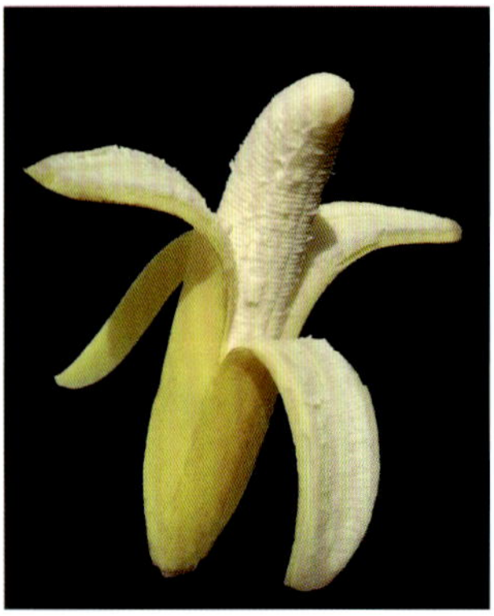

Übungsbeschreibung

Auf Höhe der beiden „Baselinedreier“ und zwei Meter vor der Mittellinie wird jeweils ein Hütchen platziert (siehe Abb. 1–3). Jedes Hütchen stellt eine Passstation dar und muss von mindestens zwei Spielern besetzt werden. Die Bälle befinden sich an einer der beiden Stationen an der Baseline. S1 passt den Ball zur zweiten Station (1) und läuft auf einer bananenförmigen Bahn in die Mitte des Feldes (2). Dort erhält er den Ball zurück (3), passt diesen direkt weiter zur dritten Station (4) und stellt sich an Station 2 an. Der Passgeber auf Station 2 stellt sich bei Station 3 ein. Nun passt der erste Spieler auf Station 3 den Ball zu Station 4 (6) und schneidet daraufhin Richtung Korb (7). Er erhält den Ball per Bodenpass von Station 4 zurück (8) und schließt per Korbleger ab. Daraufhin stellt sich der Spieler, welcher den Korblegerabschluss getätigt hat, bei Station 4 an, während der Passgeber von Station 4 den Rebound holt und sich an der Station 1 positioniert.

Variationen

- Spiegelverkehrte Durchführung der Übung.
- Vor jedem Pass muss der Ball einmal um die Hüfte rotiert werden.
- Passtechniken vorgeben:
  - Brustpässe direkt.
  - Brustpässe als Bodenpass.
  - Einhandpässe links/rechts direkt.
  - Einhandpässe links/rechts als Bodenpass.
  - Überkopfpässe.

1

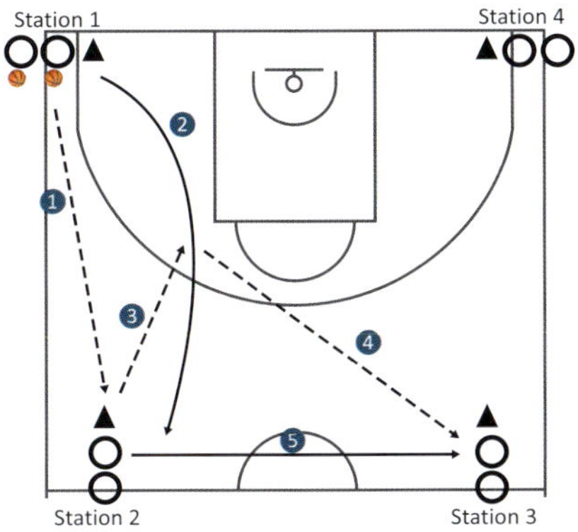

2

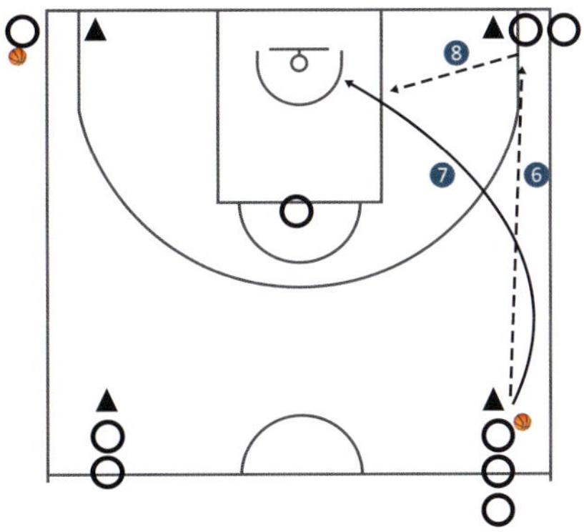

3

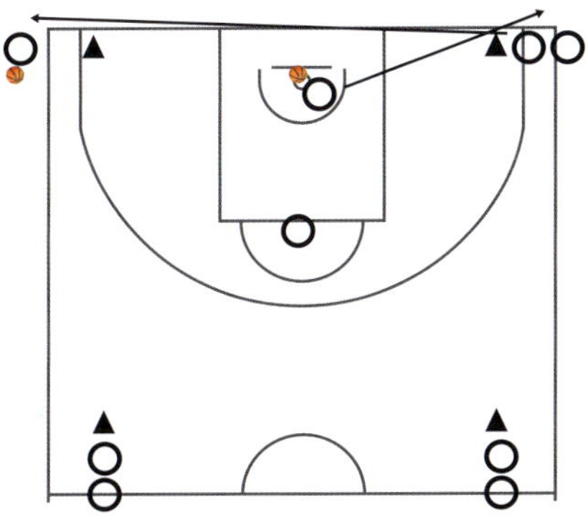

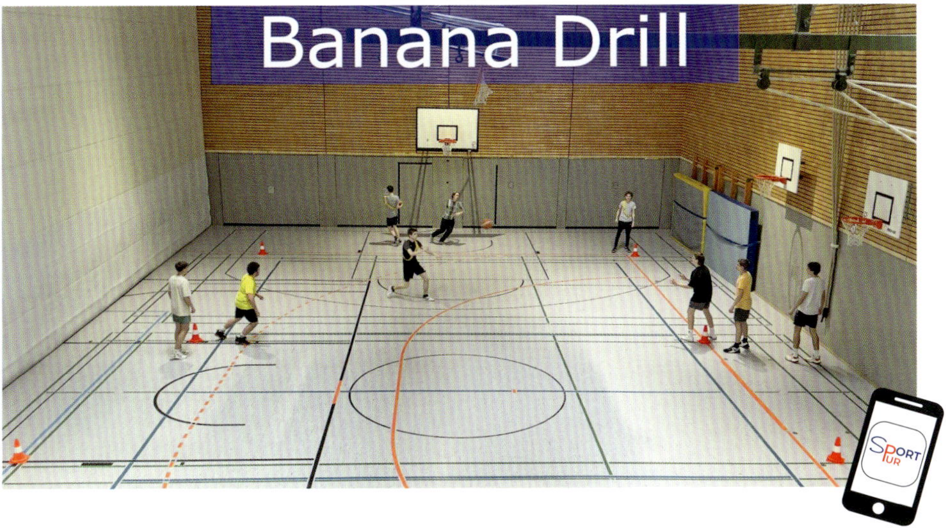

Runner Drill

Material

2 Bälle

2 Korbanlagen

1 Basketballfeld

Was wird hier noch trainiert?

Pässe

Korbleger

Schnelligkeit

Teaching Points

- Zeige deinem Mitspieler mit den Händen ein Passziel.
- Spiele feste und geradlinige Pässe.
- Sprinte auf die nächste Position.

Übungsbeschreibung

An den beiden Seitenlinien werden jeweils zwei Hütchen platziert (siehe Abbildungen unten), welche als Passstationen fungieren. Jedes Hütchen ist mit zwei Spielern besetzt, wobei sich immer ein Spieler auf der Warteposition befindet. Unter jedem Korb starten zu Beginn der Übung zwei „Runner". Jeder von ihnen hat

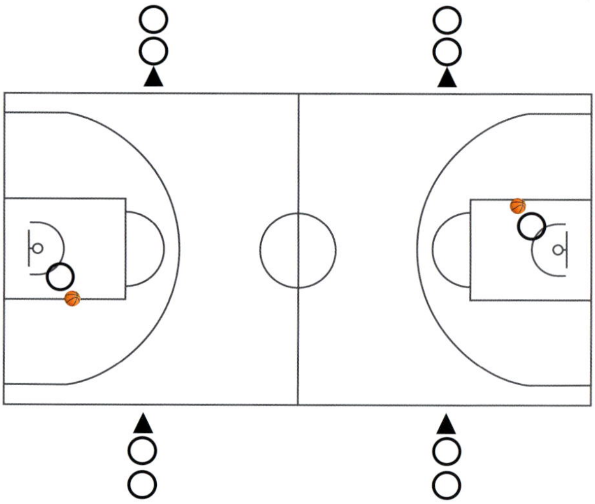

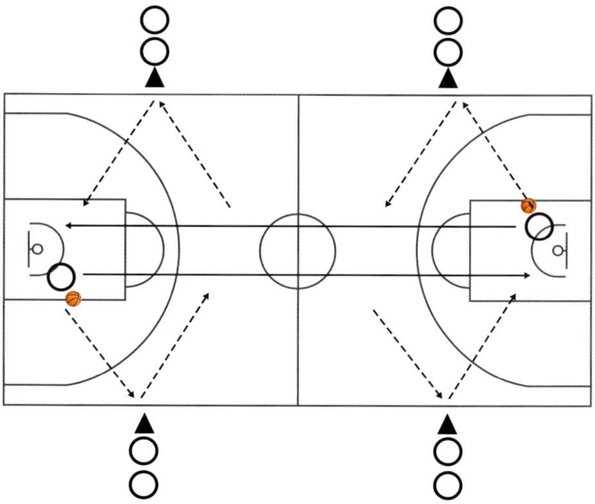

einen Ball. Nach dem Startsignal sprinten beide Spieler mit Ball in Richtung Korb auf die Gegenseite. Dabei muss jede Passstation einmal angespielt werden. Der Ball wird von der Passstation aus direkt wieder zurück gepasst. Nach dem Anspiel der zweiten Passstation erfolgt ein Korblegerabschluss ohne Dribbling.

- Der Spieler von der ersten Passstation bewegt sich nach seinem Pass zur zweiten Station.

- Der Spieler von der zweiten Passstation holt den Rebound und wird zum nächsten „Runner".

Der „Runner" belegt nach seinem Korbleger auf der Gegenseite die erste Passstation. Nach einigen Durchläufen kann die Übung als Wettbewerb umgestaltet werden. Ziel ist, innerhalb von drei Minuten möglichst viele Treffer zu erzielen.

Variationen

- Spiegelverkehrte Durchführung der Übung.
- Korbabschluss variieren:
  - Powermove
  - Reverse Korbleger
  - Wurf am Zonenrand
- Passtechniken vorgeben:
  - Brustpässe direkt/Bodenpass
  - Einhandpässe direkt/Bodenpass

Baseball Drill

Übungsbeschreibung

Der erste Läufer S1 steht vor der rechten Brettkante und tippt den Ball an das Brett. Der Rebounder bzw. der Passgeber S2 steht dahinter, springt, fängt den Ball in der Luft und dreht sich nach der Landung zur offenen Spielfeldseite. S1 sprintet nach dem Pass über die rechte Außenspur in einem bogenförmigen Laufweg nach vorne. S2 führt einen Baseballpass Richtung Gegenkorb aus. S1 fängt den Ball und schließt ohne Dribbling mit zwei Kontakten per Korbleger ab. Von der Warteposition kommt nun ein neuer Läufer mit Ball ins Spielfeld. Der Passgeber S2 bleibt so lange in seiner Rolle, bis er jedem der anderen Spieler einen Baseballpass zugeworfen hat. Daraufhin wird ein neuer Passgeber bestimmt. Die Übung ist beendet, wenn jeder Teilnehmer die Rolle des Passgebers übernommen hat.

Variationen

- Spiegelverkehrte Durchführung der Übung.
- Korbabschluss variieren:
  - Einkontakt-Korbleger
  - Powermove
  - Reverse Korbleger
- Wettbewerb: Wie viele Korblegertreffer schafft die Mannschaft innerhalb von 4 Minuten?

Material

Mindestens 2 Bälle

2 Korbanlagen

1 Basketballfeld

Was wird hier noch trainiert?

Pässe

Korbleger

Schnelligkeit

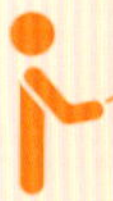

Teaching Points

- Zeige deinem Mitspieler mit den Händen ein Passziel.
- Spiele feste und geradlinige Pässe.
- Sprinte auf die nächste Position.

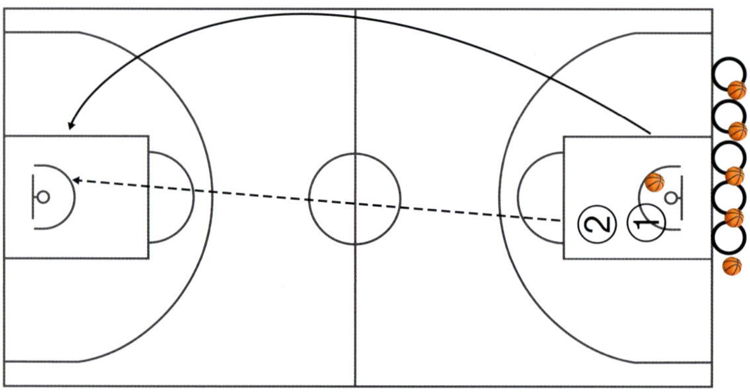

Korbleger
Drills

Korbleger Wettbewerb

Pivot Drill

Perimeter Drill

Drei Hütchen Drill

Entscheidungskorbleger Drill

In and out Drill

Wing Drill

Korbleger Kontinuum
ohne Dribbling

Korbleger Automatismen

Korbleger Wettbewerb

Material

2 Mannschaften mit jeweils mind. 2 Spielern

1 Ball pro Mannschaft

2 Korbanlagen

Was wird hier noch trainiert?

Dribbling

Schnelligkeit

Spielbeschreibung

Es werden zwei Mannschaften mit jeweils mindestens zwei Spielern gebildet. An der Grundlinie und auf der Mittellinie werden für jedes Team zwei Hütchen (jeweils eines) platziert (siehe Abb. unten). Der jeweils erste Spieler aus jeder Mannschaft erhält einen Ball und muss auf Signal das Hütchen an der Mittellinie so schnell wie möglich umdribbeln und auf dem Rückweg einen Korbleger ausführen. Dabei muss der Spieler so lange werfen, bis ein Treffer gelingt. Im Anschluss wird der Ball zum nächsten Mitspieler gepasst.
Der Ball muss dabei hinter dem Hütchen gefangen werden, welches an der Grundlinie platziert ist.
Gewinner des Spiels ist die Mannschaft, welche zuerst das vereinbarte Punkteziel (z. B. 20 Treffer) erreicht.

Folgende Abschlussvariationen können angewendet werden:

- Druckwurfkorbleger
- Unterhandkorbleger
- Korbleger mit Brett/ohne Brett
- Verkürzter Korbleger mit einem Schritt nach dem Dribbling
- Floater-Korbleger

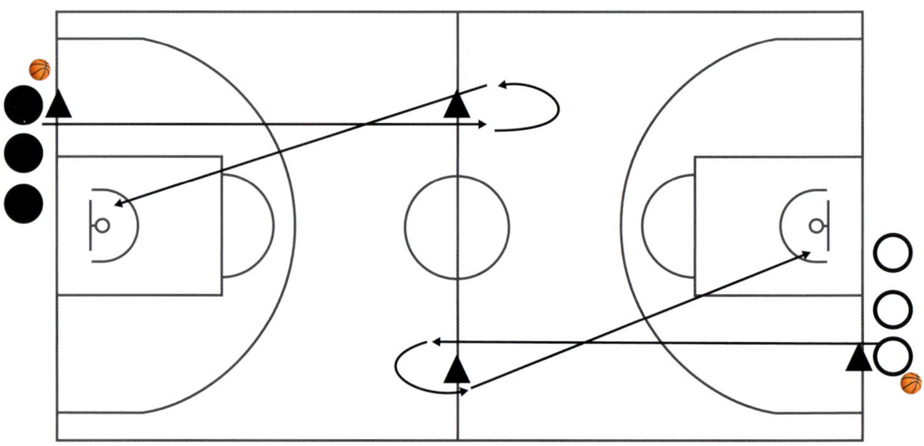

- Eurostepkorbleger
- Korbleger mit 360°-Drehung
- Abgebrochener Korbleger mit Wurfabschluss
- Ein Dribbling in den Sprungwurf
- Zwei Dribblings in den Stepback-Wurf

Variationen

- Korbabschluss von der anderen Seite.
- Sieg durch eine vereinbarte Trefferanzahl in Folge (z. B. 10 Treffer).
- Nur Treffer ohne Ringberührung sind gültig.
- Gestaffelte Ziele (fünf Korblegertreffer, fünf Powermove-Treffer, fünf Reverskorblegertreffer, fünf Wurftreffer vom Zonenrand. Korbabschluss von der anderen Seite).

Teaching Points

- Sprinte so schnell du kannst um das Hütchen und zurück zum Korb.
- Kontrolliere dein Tempo, sobald du den Ball in der Korblegerbewegung aufgenommen hast.
- Spiele einen präzisen Pass zu deinem Mitspieler, damit dieser so schnell wie möglich loslaufen kann.
- Unterstütze deine Mitspieler, indem du sie anfeuerst.

Pivot Drill

Material

1 Hütchen, 1 Ball

1 Korbanlage

Was wird hier noch trainiert?

Dribbling

Schnelligkeit

Teaching Points

Während der Ballannahme

- Tiefe Körperposition beim Schritt zum Ball.
- Ballannahme mit maximal zwei Fußkontakten.

Nach der Ballannahme

- Tiefe Körperposition.
- Fußspitzen zeigen zum Korb.
- Blick zum Korb.
- Langer und explosiver erster Schritt Richtung Korb.

Übungsbeschreibung

Der Pivot Drill dient zur Erarbeitung der Fußarbeit bei der Ballannahme und den Anschlussbewegungen. Hierzu wird ein Hütchen mit ca. vier Metern Abstand zum Korb positioniert. Der Spieler startet mit dem Rücken zum Korb und wirft sich den Ball selbst „hinter das Hütchen" vor, um dann einen der folgenden Schritte in die SPD (Schießen-Passen-Dribbeln) Position auszuführen:

- **Ein-Kontakt-Stop:** beide Füße berühren bei der Ballannahme gleichzeitig den Boden.
- **Vorwärts-Sternschritt:** Das hütchennahe Bein berührt bei der Ballannahme den Boden zuerst, das hütchenferne Bein wird nachgezogen.
- **Rückwärts-Sternschritt:** Das hütchenferne Bein berührt bei der Ballannahme den Boden, das hütchennahe Bein wird nachgezogen.

Nachdem der Spieler die SPD-Position eingenommen hat, kann er das Dribbling zum Korb mit zwei Schrittvarianten einleiten.

- **Kreuzschritt:** Schritt von der Gegenseite der Dribbelhand.
- **Passgang:** Schritt von derselben Seite der Dribbelhand.

Dabei ist darauf zu achten, dass das Standbein während des ersten Schritts nicht vor dem Dribbling aufgelöst werden darf.

Die Fußarbeit bei der Ballannahme kann mit Kreuzschritt- und Passgangdribbling, sowie mit verschiedenen Abschlussvariationen in unterschiedlichen Übungsblöcken kombiniert werden.

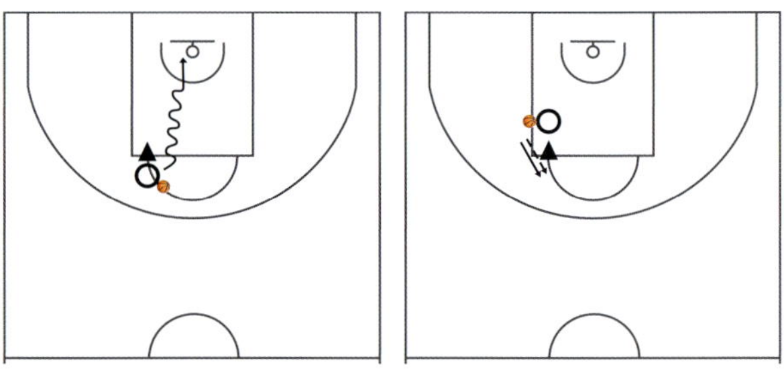

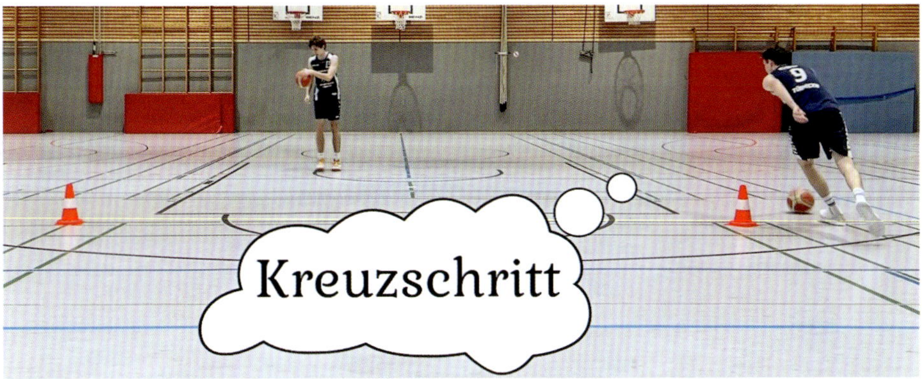

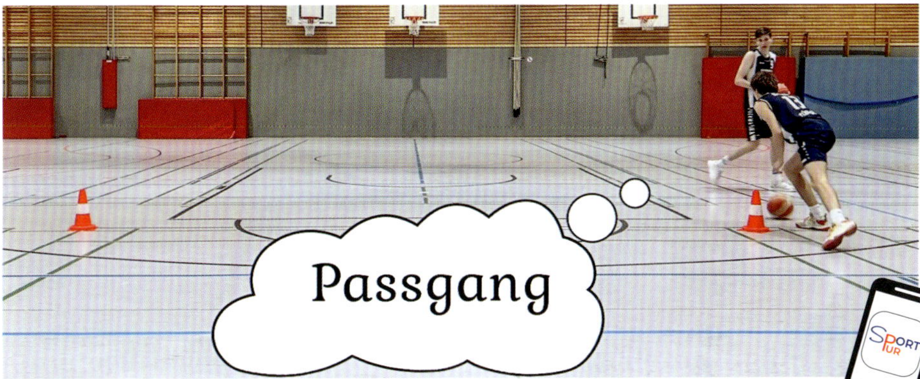

Folgende Abschlussvariationen können angewendet werden:
Druckwurfkorbleger, Unterhandkorbleger, Korbleger mit Brett/ohne Brett, verkürzter Korbleger mit einem Schritt nach dem Dribbling, Floater-Korbleger, Eurostepkorbleger, Korbleger mit 360°-Drehung, abgebrochener Korbleger mit Wurfabschluss, ein Dribbling in den Sprungwurf, zwei Dribblings in den Stepback-Wurf.

Variationen

- Den Ball per Pass zuspielen.
- Die Position des Hütchens verändern.
- Abschlussvariationen.
- Wettkampf: Zwei oder mehr Spieler treten gegeneinander an. Es werden vier Positionen, die Ballannahme- und Schritttechnik, das Trefferlimit, sowie die Abschlussvariationen festgelegt. Der Spieler, welcher zuerst das ausgemachte Punkteziel erreicht, gewinnt das Spiel.

Perimeter Drill

Material

6 Hütchen

1 Ball

1 Korbanlage

Was wird hier noch trainiert?

Dribbling

Schnelligkeit

Teaching Points

- Löse während des Dribbelns den Blick vom Ball.
- „Explodiere“ nach dem Umlaufen des Hütchens Richtung Korb.
- Passiere das Hütchen mit einem weiten Schritt.
- Reiße beim Korbleger dein Schwungbein nach oben und springe mit maximaler Kraft ab.

Übungsbeschreibung
Um die Drei-Punkte-Linie werden sechs Hütchen platziert. Der Spieler startet mit einem Ball unter dem Korb, muss alle Hütchen nacheinander umdribbeln und jeweils mit einem Korbleger abschließen. Es ist darauf zu achten, dass nach dem „Curl“ um das Hütchen eine Beschleunigung stattfindet. Parallel dazu soll der erste Schritt nach dem Umlaufen des Hütchens möglichst langgezogen sein.

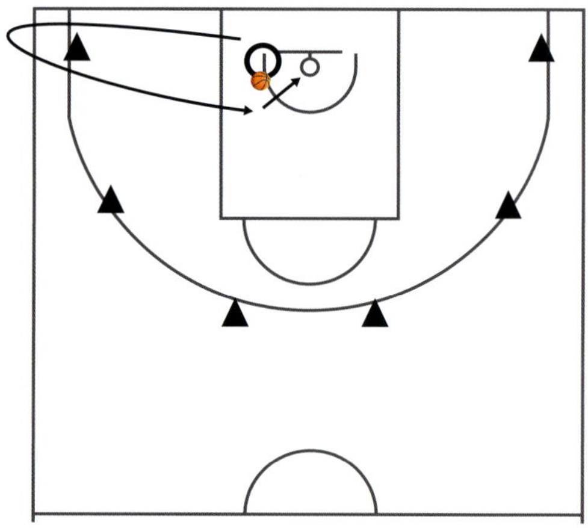

Runde 1: Hütchen umdribbeln und Korb attackieren.
Runde 2: Vor dem Hütchen einen Handwechsel durchführen und den Korb anschließend attackieren.
Runde 3: Nach dem Umdribbeln des Hütchens einen Handwechsel durchführen und den Korb anschließend attackieren.

Folgende Abschlussvariationen können angewendet werden:
Druckwurfkorbleger, Unterhandkorbleger, Korbleger mit Brett/ohne Brett, verkürzter Korbleger mit einem Schritt nach dem Dribbling, Floater-Korbleger, Eurostepkorble-

ger, Korbleger mit 360°-Drehung, abgebrochener Korbleger mit Wurfabschluss, ein Dribbling in den Sprungwurf, zwei Dribblings in den Stepback-Wurf.

Variationen

- Ein zweiter Spieler startet ohne Ball zeitgleich mit dem ballführenden Spieler unter dem Korb und muss das jeweils gegenüberliegende Hütchen des Angreifers umlaufen. S2 versucht danach, einen Korbversuch von S1 zu verhindern. S1 hat nur einen Wurfversuch. Trifft S1, so bleibt dieser im Angriff und S2 muss erneut verteidigen. Verwirft S1, so wird S2 zum neuen Angreifer.
- Der Spieler, der zuerst 7 Punkte erreicht, gewinnt das Spiel.

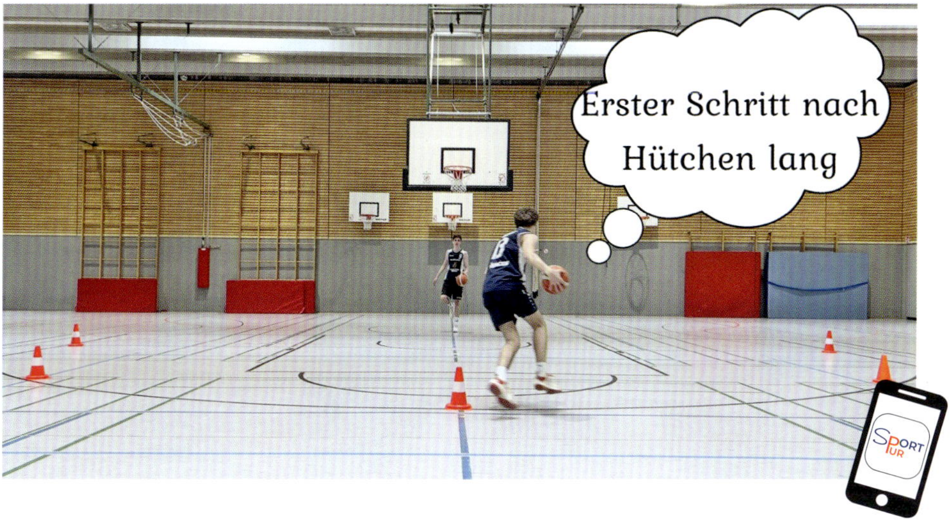

Drei Hütchen Drill

Material

3 Hütchen

Mind. 1 Ball pro Korb

Was wird hier noch trainiert?

Ballhandling

Teaching Points

- Arbeite mit Tempowechseln.
- Fokussiere mit deinen Augen während des Dribblings den Korb.
- Der Ball muss beim Handwechsel möglichst schnell von der einen in die andere Hand.
- „Explodiere" nach dem letzten Handwechsel Richtung Korb.
- Reiße beim Korbleger dein Schwungbein nach oben und springe mit maximaler Kraft ab.

Übungsbeschreibung

An der Drei-Punkte-Linie werden „auf Höhe 45°" zum Korb drei Hütchen im Dreieck positioniert (der Abstand zwischen den Hütchen beträgt etwa einen Meter). Der Spieler wirft sich kurz vor der Mittellinie den Ball vor und fängt diesen mit einem „Ein-Kontakt-Stop" in der „SPD-Stellung" (Schießen, Passen, Dribbeln). Nun wird das obere Hütchen mit der rechten/linken Hand so schnell wie möglich attackiert. Vor jedem der Hütchen muss ein Handwechsel durchgeführt werden, bevor das nächste Hütchen oder der Korb attackiert wird. Während der Durchführung der Handwechsel sollte sich der Spieler in einer tiefen Position befinden. Der Ball sollte mit der freien Hand geschützt werden. Nach dem letzten Handwechsel beschleunigt der Spieler mit den ersten beiden Schritten und führt daraufhin einen Korbleger aus.

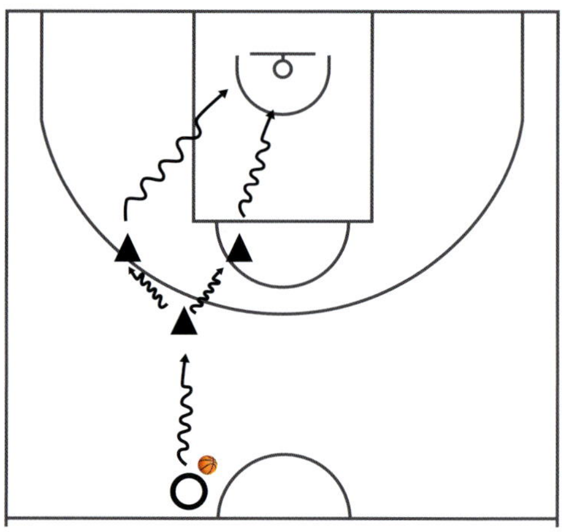

Folgende Abschlussvariationen können angewendet werden:

Druckwurfkorbleger, Unterhandkorbleger, Korbleger mit Brett/ohne Brett, verkürzter Korbleger mit einem Schritt nach dem Dribbling, Floater-Korbleger, Eurostepkorbleger, Korbleger mit 360°-Drehung, abgebrochener Korbleger mit Wurfabschluss, ein Dribbling in den Sprungwurf, zwei Dribblings in den Stepback-Wurf.

Variationen

- Mögliche Finten an den Hütchen: Vor dem Körper, durch die Beine, hinter dem Rücken, Spinmove, Schritttäuschung, In-and-out-Dribbling, Verzögerungsbewegung.
- Der Trainer gibt dem Spieler visuelle Signale mit den Fingern, welche dieser wiedergeben muss, um den Blick vom Ball zu lösen.
- Trefferanzahl als Ziel vorgeben.
- Trefferanzahl mit Zeitlimit als Ziel vorgeben.
- Treffer in Folge als Ziel vorgeben.

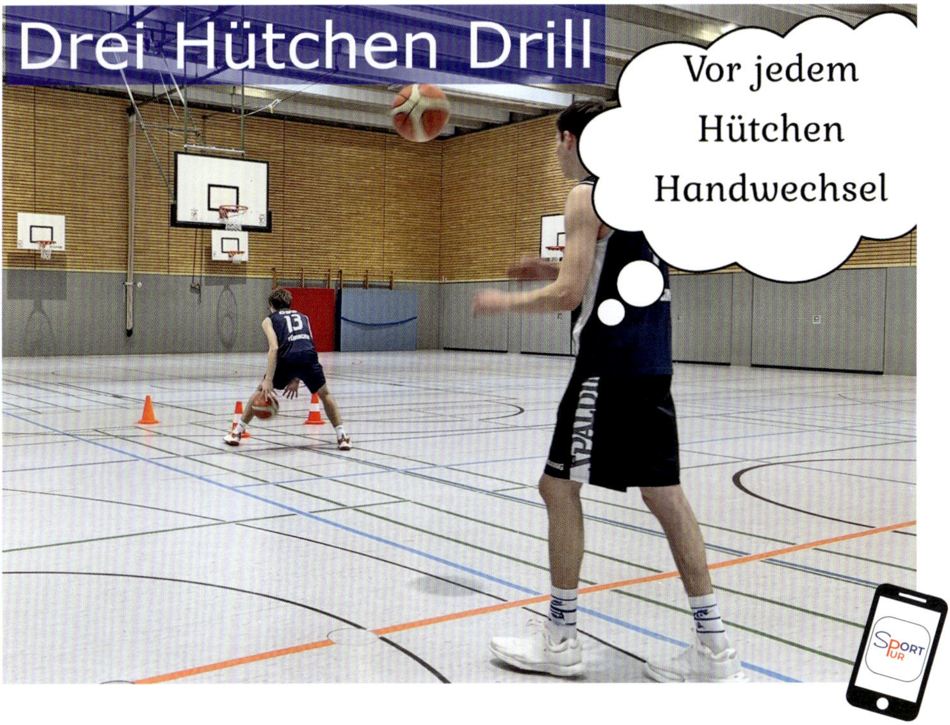

Entscheidungskorbleger Drill

Material

1 Hütchen

Mind. 1 Ball pro Korb

Was wird hier noch trainiert?

Entscheidungsverhalten

Kognitive Flexibilität

Ballhandling

Teaching Points

- Arbeite mit Tempowechseln.
- Deine Finte muss möglichst nah vor dem Hütchen / Trainer durchgeführt werden.
- Beim Handwechsel muss der Ball möglichst schnell von der einen in die andere Hand.
- „Explodiere“ nach dem letzten Handwechsel Richtung Korb.
- Reiße beim Korbleger dein Schwungbein nach oben und springe mit maximaler Kraft ab.

Übungsbeschreibung

An der Drei-Punkte-Linie wird ein Hütchen positioniert (Abb. 1). Im ersten Durchgang startet der Spieler mit einem Dribbelsprint an der Mittellinie Richtung Hütchen, führt eine Finte vor dem Hütchen aus (siehe Variationen) und attackiert danach den Korb. Im zweiten Durchgang wird das Hütchen durch den Trainer ersetzt. Dieser gibt mit dem Anheben seines Arms die Seite vor, die der Spieler attackieren muss. Der Spieler muss die Seite des angehobenen Arms attackieren und sich unter dem Arm des Trainers hindurchbewegen.

1

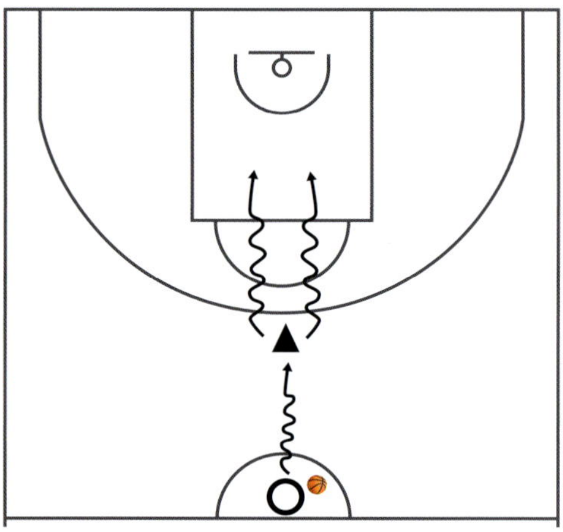

2

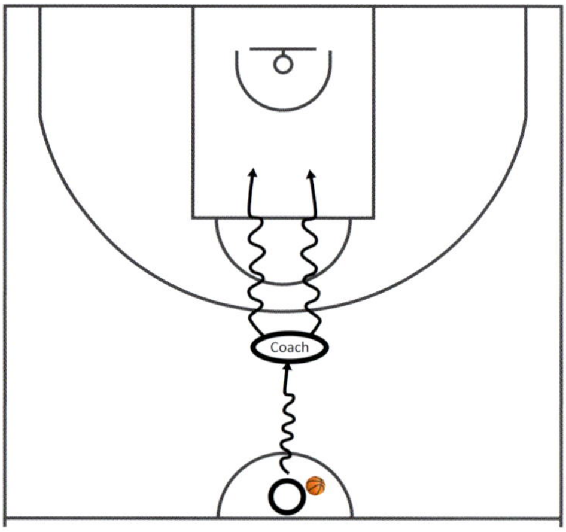

Dementsprechend werden immer zwei verschiedene Finten vorgegeben, eine einfache sowie eine doppelte Finte.

Beispiele: Handwechsel vor dem Körper – Schritttäuschung, Handwechsel durch die Beine – doppelter Handwechsel vor dem Körper, Handwechsel hinter dem Rücken – Inand-out-Dribbling.

Variationen

- Mögliche Finten an den Hütchen: Vor dem Körper, durch die Beine, hinter dem Rücken, Spinmove, Schritttäuschung, In-and-out-Dribbling, Verzögerungsbewegung.
- Das Handzeichen des Trainers zeitlich immer später signalisiert.
- Der Spieler muss die Seite attackieren, auf welcher kein Arm angehoben wird.
- Der Trainer sagt die beiden möglichen Finten an, während der Spieler auf ihn zudribbelt.

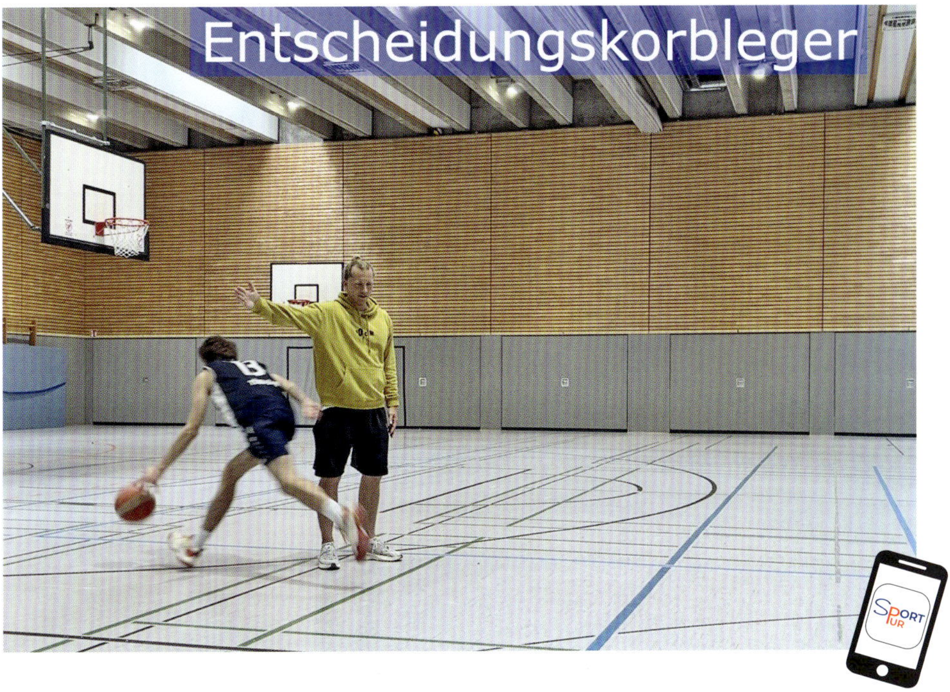

In and out Drill

Material

Mind. 3 Spieler je Korb

Mind. 2 Bälle je Korb

Was wird hier noch trainiert?

Passen

Cut-Bewegungen

Fußarbeit

Teaching Points

- Sprinte vom Korb zur Flügelposition.
- Gebe mit deinen Händen ein Passziel vor.
- Spiele feste, geradlinige Pässe.
- Stelle deine Füße nach Ballerhalt parallel.
- Nimm die SPD-Position ein: Schulterbreite Fußstellung und tiefer Körperschwerpunkt.
- Führe einen explosiven ersten Schritt Richtung Korb aus.

Übungsbeschreibung

Alle Spieler positionieren sich hintereinander an der Birne der Dreipunkte-Linie. Der erste Spieler hat keinen Ball in der Hand (siehe Abb. 1). Spieler 1 läuft langsam bis unter den Korb und schneidet dann mit Tempo auf eine der beiden Flügelpositionen. S2 passt den Ball zu S1. Mit Ballerhalt sind verschiedene Formen der Fußarbeit möglich (siehe Bewegungsbeschreibung). Nach Ballerhalt dribbelt S1 Richtung Korb, führt einen Korbleger aus und holt seinen eigenen Rebound. Daraufhin schneidet S2 zum Korb und die Aktion wiederholt sich.

1

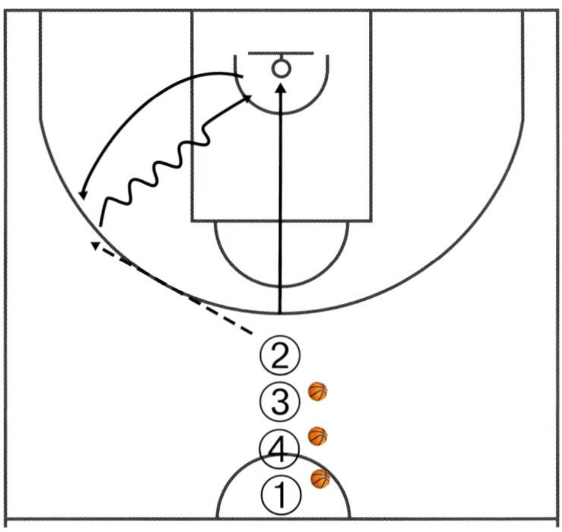

2

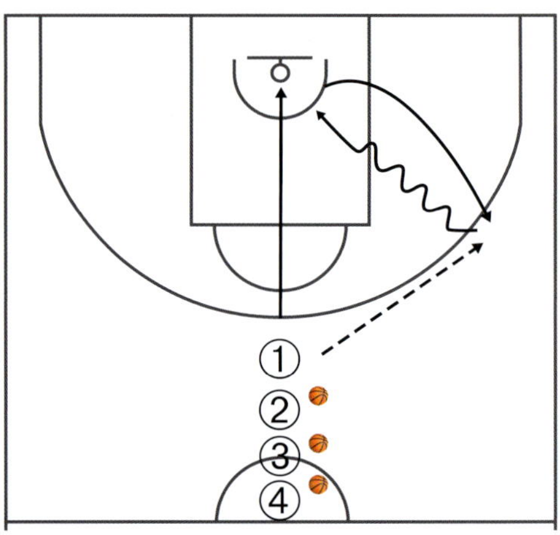

Bewegungsbeschreibung

Während des Ballerhalts kann der Spieler drei Formen der Fußarbeit anwenden. Anschließend erfolgen verschiedene Abschlussmöglichkeiten (siehe Variationen):

- Ein-Kontakt-Stop: Beide Füße berühren beim Ballerhalt gleichzeitig den Boden.
- Front-Pivot: Der Innenfuß berührt zuerst den Boden, der Außenfuß wird nachgesetzt.
- Back-Pivot: Der Außenfuß berührt zuerst den Boden, der Innenfuß wird nachgesetzt.

Variationen

- Kreuzschritt oder Passgang nach Ballerhalt.
- 360°-Rotation über das Standbein mit anschließendem Kreuzschritt.
- Korbabschlüsse: Druckwurfkorbleger, hoher Druckwurfkorbleger, Unterhandkorbleger.
- Hakenkorbleger, Reversekorbleger, Powermove, Wurf, ein Dribbling mit anschließendem Wurf.
- Pässe: Überkopfpass, einhändiger Druckpass, Hakenpass, einhändiger Pass aus dem Dribbling.
- Wettbewerb zwischen zwei Körben: Welcher Korb erreicht zuerst 25 Treffer oder 15 Treffer in Folge.

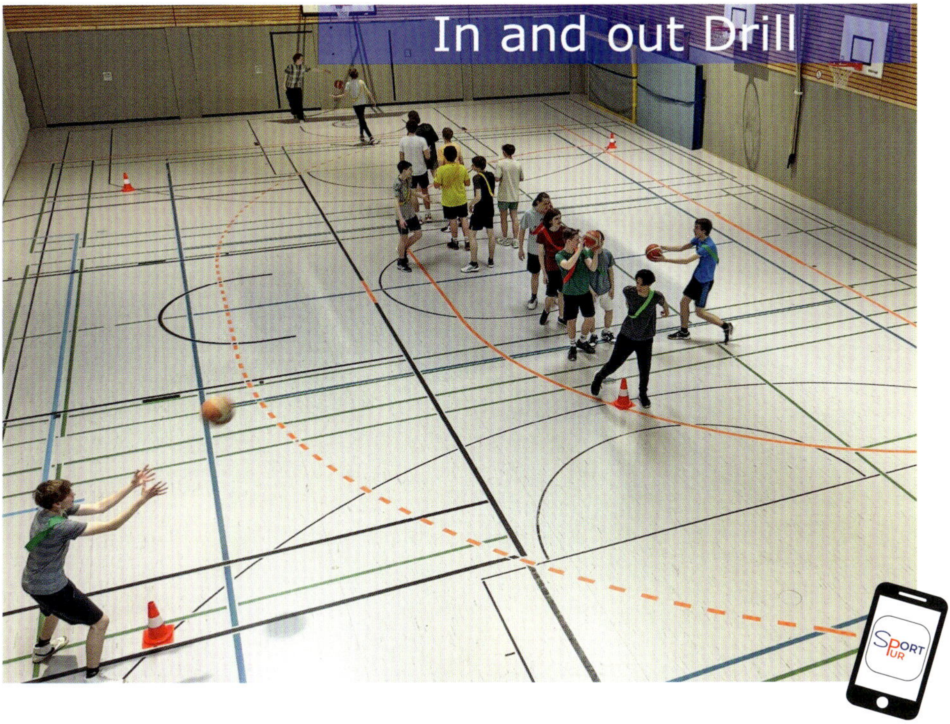

Wing Drill

Material

Mind. 4 Spieler je Korb

Mind. 3 Bälle je Korb

Was wird hier noch trainiert?

Fußarbeit

Freilaufbewegungen

Teaching Points

- Schneide (cutte) langsam Richtung Zonenrand.
- Sprinte Richtung Dreierbirne.
- Spiele feste, geradlinige Pässe.
- Nimm nach Ballerhalt eine parallele Fußstellung ein.
- Nimm die SPD-Stellung ein: Schulterbreite Fußstellung und tiefer Körperschwerpunkt.
- Führe einen explosiven ersten Schritt Richtung Korb aus.

Übungsbeschreibung

Alle Spieler stellen sich gleichmäßig verteilt auf den beiden Flügelpositionen auf (Schnittpunkt verlängerte Freiwurflinie mit der Drei-Punkte-Linie). Bis auf Spieler 1 haben alle Spieler einen Ball. S1 bewegt sich mit einem V-Cut zunächst Richtung Zonenrand und schneidet dann zum Zielpunkt an die Dreierbirne, wo er einen Pass von S2 erhält (Abb. 1). Mit dem Ballerhalt sind verschiedene Formen der Fußarbeit möglich (siehe Bewegungsbeschreibung). Nach Ballerhalt dribbelt S1 Richtung Korb, führt einen Korbleger aus und holt seinen eigenen Rebound. Danach stellt sich S1 auf der gegenüberliegenden Seite neu an. Nun beginnt S2 mit einem V-Cut und es erfolgt dieselbe Bewegung von der anderen Seite. S3 agiert nun als Passgeber. Die Übungsform kann als durchläufiges Kontinuum gespielt werden.

Bewegungsbeschreibung

Während des Ballerhalts kann der Spieler drei Formen der Fußarbeit anwenden:

- Ein-Kontakt-Stop: Beide Füße berühren beim Ballerhalt gleichzeitig den Boden.
- Front-Pivot: Der Innenfuß berührt zuerst den Boden, der Außenfuß wird nachgesetzt.
- Back-Pivot: Der Außenfuß berührt zuerst den Boden, der Innenfuß wird nachgesetzt.

Anschließend erfolgen verschiedene Abschlussmöglichkeiten (siehe Variationen).

Variationen

- Klassischer Korbleger: Korbleger mit einem Dribbling und zwei Anschlussschritten.
- Verkürzter Korbleger: Korbleger mit einem Dribbling und einem Anschlussschritt.
- Beide Varianten können auch als Floater ausgeführt werden.
- Eurostep-Korbleger: Korbleger mit einem Dribbling und zwei Anschlussschritten, welche als Sprungschritte zu den Seiten ausgeführt werden.

1

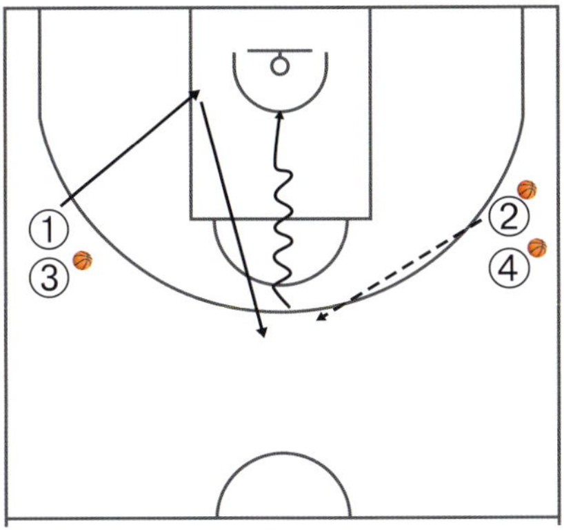

2

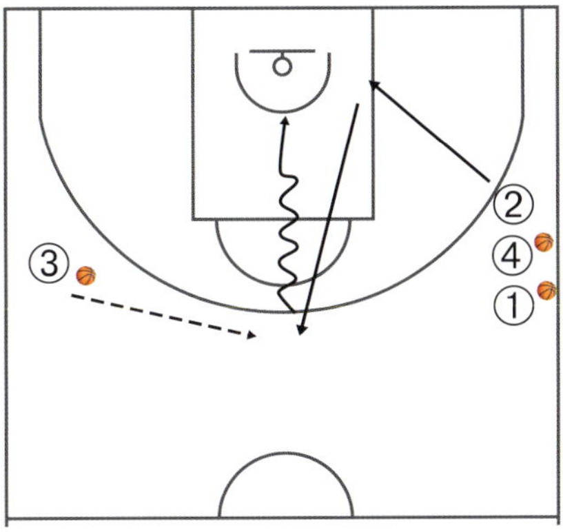

3

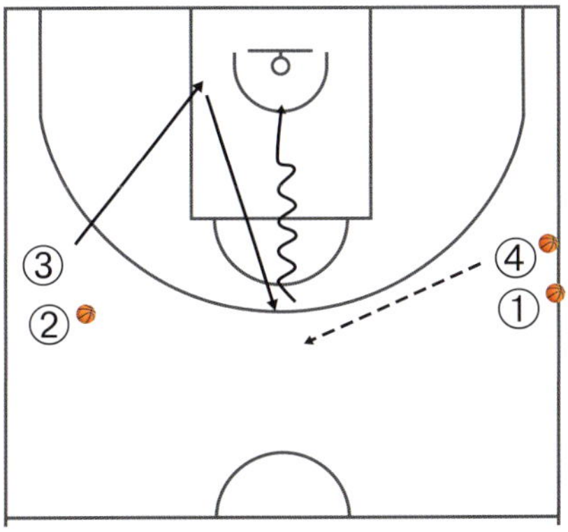

- Drehdribbling-Korbleger: Während der letzten beiden Schritte wird eine 360°-Drehung durchgeführt.
- Angetäuschter Korbleger mit Wurfabschluss.
- Wurf direkt nach Ballerhalt.
- Pull-up-Wurf: Ein Dribbling mit anschließendem Wurf.

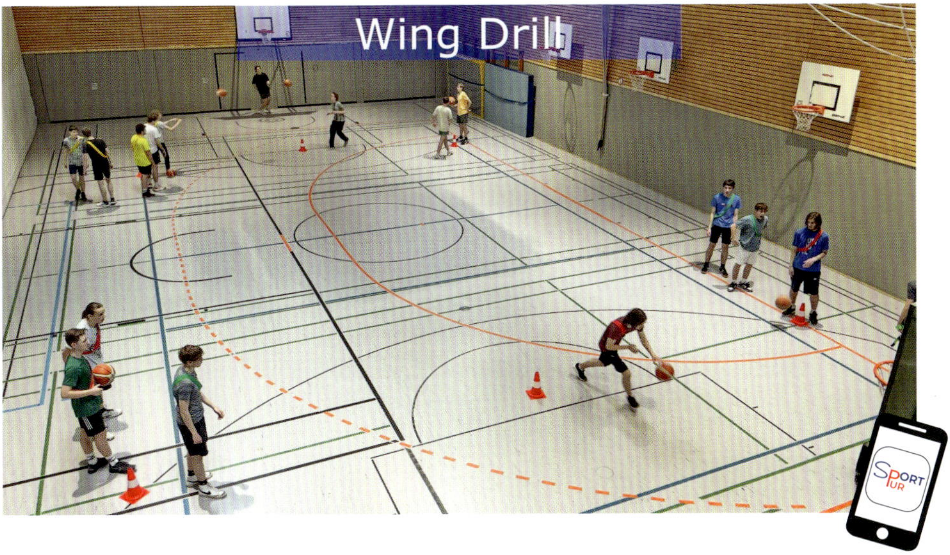

Korbleger Kontinuum ohne Dribbling

Material

Mind. 4 Spieler je Korb

2 Bälle je Korb

Was wird hier noch trainiert?

Passen

Cut-Bewegungen

Fangen

Teaching Points

- Gib mit deinen Händen ein Passziel vor.
- Spiele feste, geradlinige Pässe.
- Setze deinen „ersten“ Fuß während der Ballannahme auf den Boden.
- Springe kräftig ab.
- Ziehe dein Schwungbein während des Absprungs aktiv nach oben.

Übungsbeschreibung

Spieler 1 startet an der Grundlinie unter dem Korb und passt den Ball zu Spieler 2, welcher an der Drei-Punkte-Linie positioniert ist (siehe Abb. 1). Spieler 3 befindet sich auf der Flügelposition. Alle weiteren Spieler stehen hinter der Grundlinie auf der Warteposition.

S1 läuft seinem Pass hinterher und nimmt die Position von S2 ein. S2 passt den Ball weiter auf S3. Nach dem Pass schneidet S2 zum Korb, erhält den Ball von S3 zurück und führt einen Korbleger ohne Dribbling aus (siehe Abb. 1 u. 2). Im Folgenden wird von S4 die andere Außenposition angepasst. Der weitere Ablauf ist identisch (siehe Abb. 3 u. 4). Wichtig ist, dass beide Außenpositionen immer im Wechsel angespielt werden.

Bewegungsbeschreibung

Beim Korbleger ohne Dribbling von der rechten Seite wird der Ball mit der Schrittfolge rechts, links gefangen. Bei Ballerhalt berührt folglich der rechte Fuß den Boden, daraufhin erfolgt der Schritt auf das linke Bein und sogleich der Absprung. Bei diesem wird das rechte Knie nach oben gezogen (wie beim Korbleger aus dem Dribbling). Mit den Armen wird die Wurfbewegung als Druckwurf- oder als Unterhandkorbleger ausgeführt.

Beim Korbleger von links, ist die Schrittreihenfolge links, rechts. Der Wurf erfolgt mit der linken Hand.

Variationen

- Letzter Pass als: direkter Pass, Bodenpass, einhändiger Pass.
- Korbabschlüsse: Druckwurfkorbleger, Unterhandkorbleger, Reversekorbleger, Powermove.
- Wettbewerb: Welcher Korb erreicht erst die 15, dann die 25 Treffer in Folge.
- Wurf direkt nach Ballerhalt.
- Pull-up-Wurf: Ein Dribbling mit anschließendem Wurf.

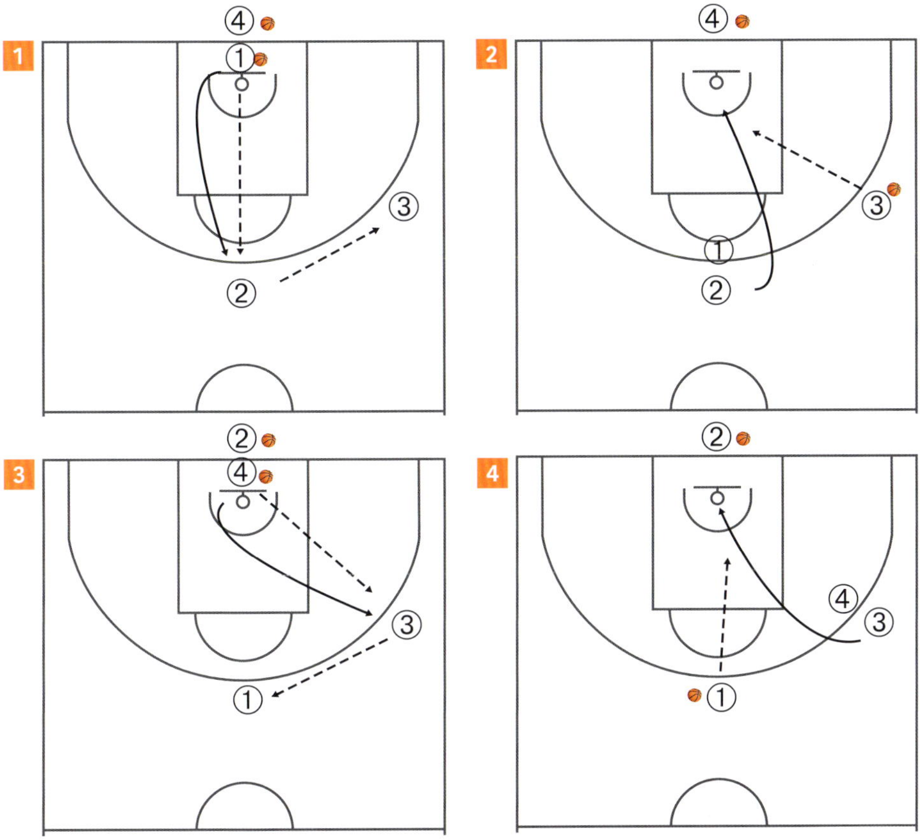
1
2
3
4

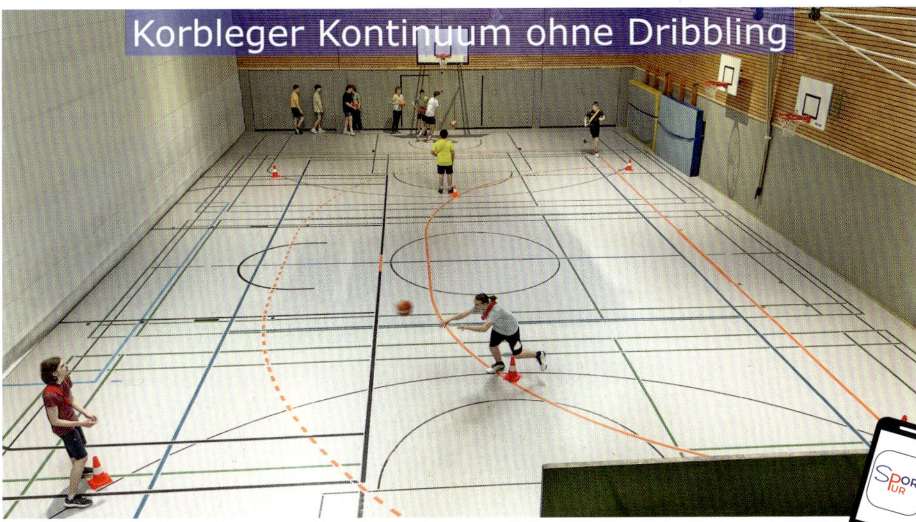
Korbleger Kontinuum ohne Dribbling

Korbleger Automatismen

Material

Mind. 4 Spieler je Korb

Mind. 2 Bälle je Korb

Was wird hier noch trainiert?

Passen aus dem Dribbling

Automatismen

Entscheidungsverhalten

Teaching Points

- Reagiere auf die Bewegung deines Mitspielers.
- Der Ball des Mitspielers muss dich immer sehen können.
- Gib deinem Mitspieler mit deinen Händen ein Ziel vor.
- Achte auf eine schulterbreite Fußstellung bei Ballerhalt.
- Führe einen explosiven erster Schritt Richtung Korb aus.

Übungsbeschreibung

An der Dreierlinie werden im 45°-Winkel zum Korb zwei Hütchen positioniert (siehe Abb. 1). Die Spieler auf der rechten Seite stehen mit jeweils einem Ball ca. drei bis vier Meter vom Hütchen entfernt. Die Spieler auf der linken Seite befinden sich direkt vor ihrem Hütchen. Spieler 1 dribbelt mit der rechten Hand auf das Hütchen zu, führt einen Handwechsel durch und penetriert über die Mitte in die Zone Richtung Korb. S2 reagiert auf die Bewegung und läuft wurfbereit an der Dreierlinie entlang Richtung Ecke. S1 passt den Ball zu S2, welche diesen in der SPD (Schießen, Passen, Dribbeln) Stellung fängt. S1 öffnet die Zone indem er sich auf die gegenüberliegende Seite bewegt, während S2 mit einem Korbleger am Korb abschließt (siehe Abb. 2). Danach stellen sich die beiden Spieler jeweils auf der anderen Seite an.

Alternativ kann zum Start der Übung auch die Grundlinie attackiert werden (siehe Abb. 3). S4 bewegt sich daraufhin auf die ehemalige Position von S3 und erhält einen Pass. Sobald er den Ball hat attackiert S4 zum Korb und schließt per Korbleger ab. S3 macht den Weg frei indem er sich auf die Gegenseite bewegt (Abb. 4).

Die Richtung des ersten Penetrations kann zunächst vorgegeben werden. Fortführend dürfen die Spieler selbst über die Richtung entscheiden, sodass der jeweilige Mitspieler auf die Bewegung des Spielers mit Ball reagieren muss.

1

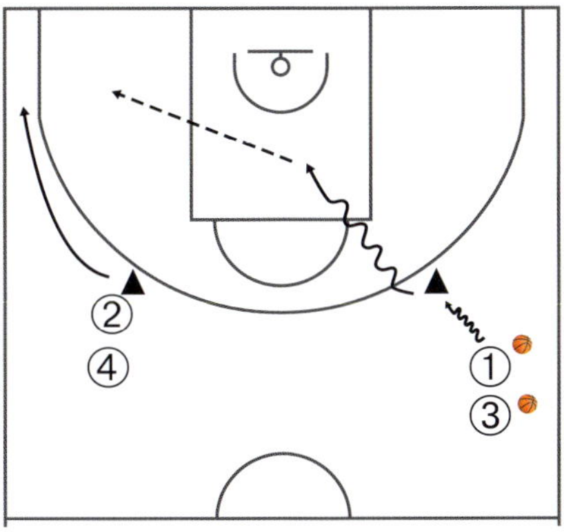

2

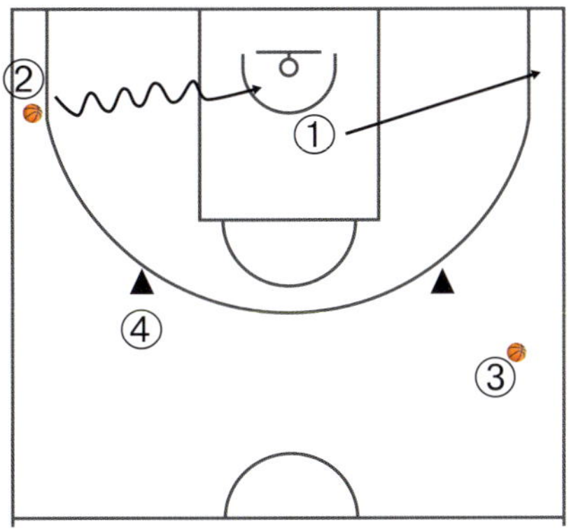

3

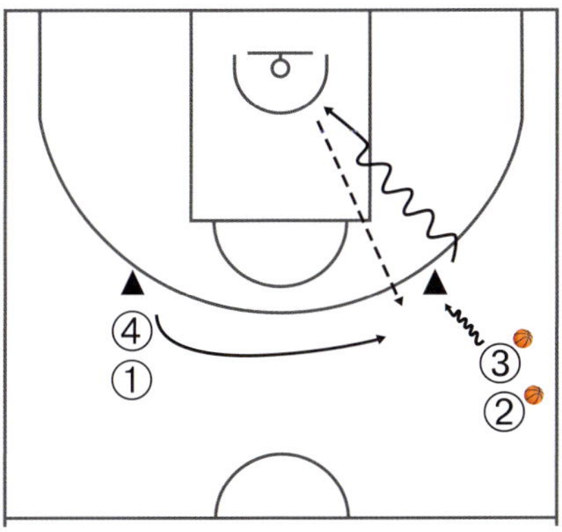

4

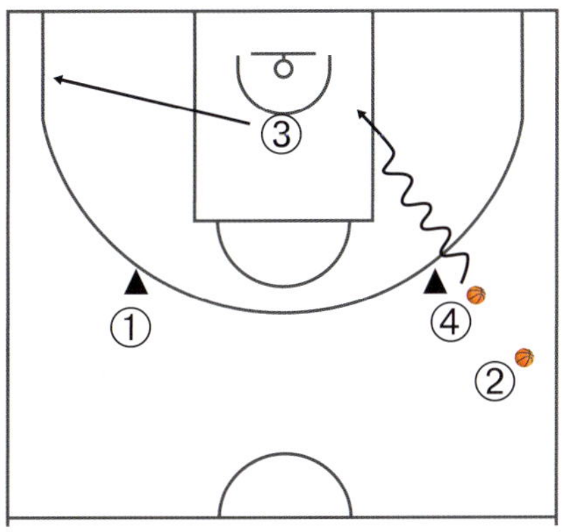

Wurf

Kleine Spiele

Money in the bank

Material

1 Ball

2–4 Spieler

Was wird hier noch trainiert?

Umgang mit einer Drucksituation

Teaching Points

- Führe deine Wurfroutine durch.
- Achte auf deine Atmung vor dem Wurf.
- Fokussiere den Korb und versuche alle weiteren Gedanken auszublenden.

Spielbeschreibung

Vor Spielbeginn wird eine Wurfposition vereinbart. Von dieser Position werfen die teilnehmenden Spieler (z. B. Freiwurflinie). Jeder Spieler hat einen Betrag von zwanzig Euro auf seinem imaginären Spielkonto. Es wird in einer festgelegten Reihenfolge auf den Korb geworfen. Mit jedem Treffer (in Folge) sammelt sich ein Euro im „Wurfschulden-Pott". Der Spieler, der zuerst verwirft, muss die angesammelten Schulden auf sich nehmen. Die Schulden werden von seinem Kontostand abgezogen. Hat ein Spieler kein Geld mehr auf seinem Konto, muss er das Spiel verlassen. Sieger ist derjenige Spieler, der am Ende übrigbleibt.

Variationen

- Der Rundensieger erhält einen Fünf-Euro-Joker, welcher jederzeit eingesetzt werden kann.
- Fängt ein Spieler nach seinem Fehlwurf den Ball, ohne dass dieser den Boden berührt, muss nur die Hälfte der Schulden aus dem Pott beglichen werden.
- Veränderung der Wurfpositionen.
- Würfe mit einem Dribbling nach Ballerhalt.
- Würfe mit der schwachen Hand.

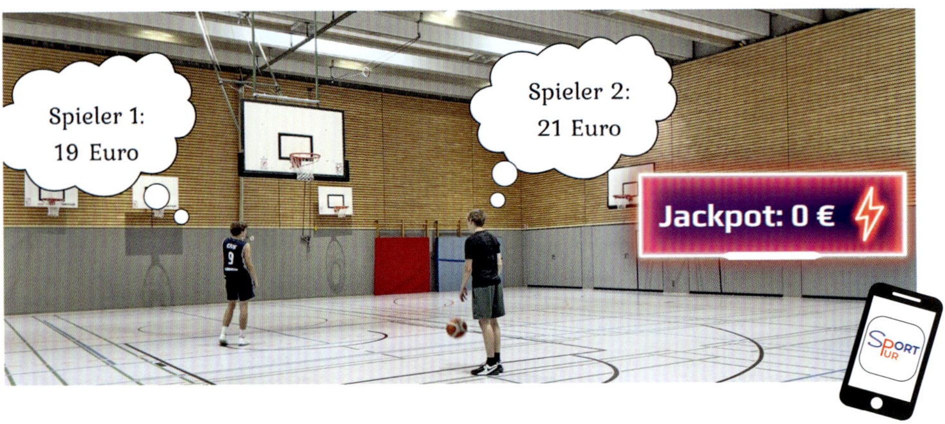

Better than Jordan

Material

1 Ball

Was wird hier noch trainiert?

Umgang mit einer Drucksituation

Teaching Points

- Führe deine Wurfroutine durch.
- Achte auf deine Atmung vor dem Wurf.
- Fokussiere den Korb und versuche alle weiteren Gedanken auszublenden.

Spielbeschreibung

Vor Spielbeginn werden fünf Wurfpositionen definiert. Diese sollten von der Nahdistanz bis zur Drei-Punkte-Linie gestaffelt werden. Für dieses Spiel wird nur eine Person benötigt, denn der Spieler tritt gegen einen imaginären Gegner an (z. B. Michael Jordan). Selbstverständlich kann jeder gegen seinen Lieblingsspieler antreten. Der Spieler startet mit seinen Würfen von der ersten Wurfposition. Für jeden Treffer erhält er einen Punkt. Für jeden Fehlwurf erhält der imaginäre Gegner einen Punkt. Derjenige, der zuerst 21 Punkte erreicht, gewinnt das Spiel. Nach einem Sieg kommt es zum Aufstieg auf die nächste, etwas weiter vom Korb entfernte Position. Nach einer Niederlage erfolgt ein Abstieg auf eine nähere Wurfposition. Schafft es der Spieler, auf der fünften Position einen Sieg zu erringen, so darf er die Meisterschaft feiern (die Positionen können auch nach Ligen benannt werden z. B. Kreisliga, Regionalliga, Bundesliga, Euroleague, NBA).

Variationen

- Kein Abstieg möglich.
- Der Spieler erhält zwei Punkte für seine Treffer (Gegner einen Punkt).
- Der imaginäre Gegner erhält zwei Punkte bei einem Fehlwurf (Spieler einen Punkt).
- Veränderung der Wurfpositionen.
- Positionswurf/Sprungwurf.
- Würfe mit einem Dribbling nach Ballerhalt.

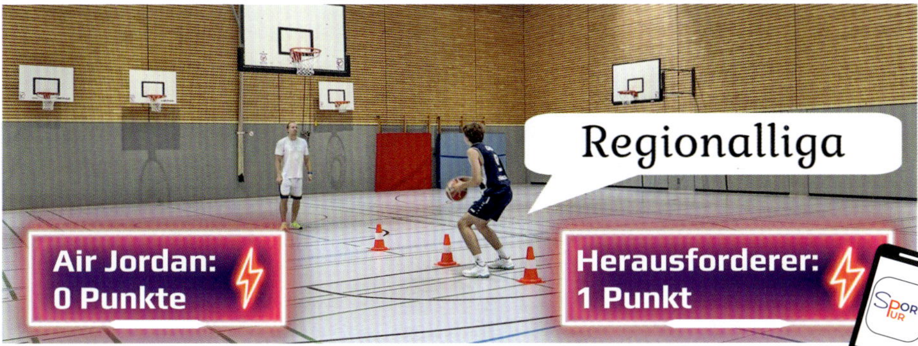

Wegschicken

Material

1 Ball je Mannschaft

3–5 Mannschaften

Was wird hier noch trainiert?

Umgang mit einer Drucksituation

Strategisches Denken

Teaching Points

- Führe deine Wurfroutine durch.
- Achte auf deine Atmung vor dem Wurf.
- Fokussiere den Korb und versuche alle weiteren Gedanken auszublenden.

Spielbeschreibung

Vor Spielbeginn wird eine Wurfposition und eine Trefferanzahl definiert (z. B. Freiwurfecke, zehn Treffer). Die Anzahl der Wurfpositionen muss der Anzahl der teilnehmenden Mannschaften entsprechen. Je mehr Mannschaften teilnehmen, desto geringer sollte die Anzahl der Treffer je Korb sein, da sich die Spielzeit sonst verlängert.

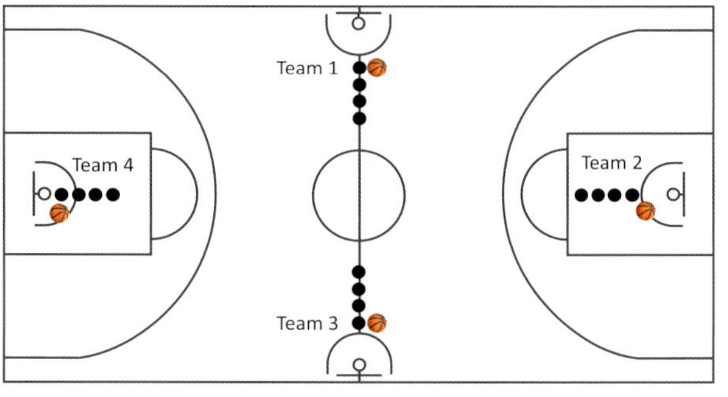

Jede Mannschaft startet mit jeweils einem Ball an einer Wurfposition. Ziel ist es, als Team an der Wurfposition die vereinbarte Anzahl an Treffern zu erzielen. Der erste Spieler jeder Mannschaft wirft, holt seinen eigenen Rebound und passt den Ball zum nächsten Spieler der Mannschaft. Die Wurfreihenfolge muss dabei immer eingehalten werden.

Erreicht eine Mannschaft die vereinbarte Trefferanzahl (z. B. zehn), darf sie sich eine neue Wurfposition aussuchen und die dort agierende Mannschaft wegschicken. Diese muss die Position sofort verlassen, verliert dabei die bereits erzielten Treffer und muss nun die freigewordene Position auffüllen. Hat eine Mannschaft auf einer Position die ausgemachte Trefferanzahl erreicht, so gilt diese Wurfposition als absolviert. Es kann jedoch vorkommen, dass die Gruppe trotzdem an diese Position zurückgeschickt wird. In diesem Fall müssen erneut zehn Treffer erspielt werden, um die Position wieder verlassen zu dürfen.

Hat eine Mannschaft auf allen Positionen die ausgemachte Trefferanzahl erreicht, gewinnt sie das Spiel.

Variationen

- Verschiedene Wurfpositionen je Korb.
- Nur Treffer ohne Ringberührung sind gültig.
- Vier Treffer in Folge zum Absolvieren einer Wurfposition.
- Anstatt Wurfpositionen müssen Körbe gesichert werden. An jedem Korb gibt es fünf verschiedene Positionen, von welchen jeweils zwei Würfe getroffen werden müssen.

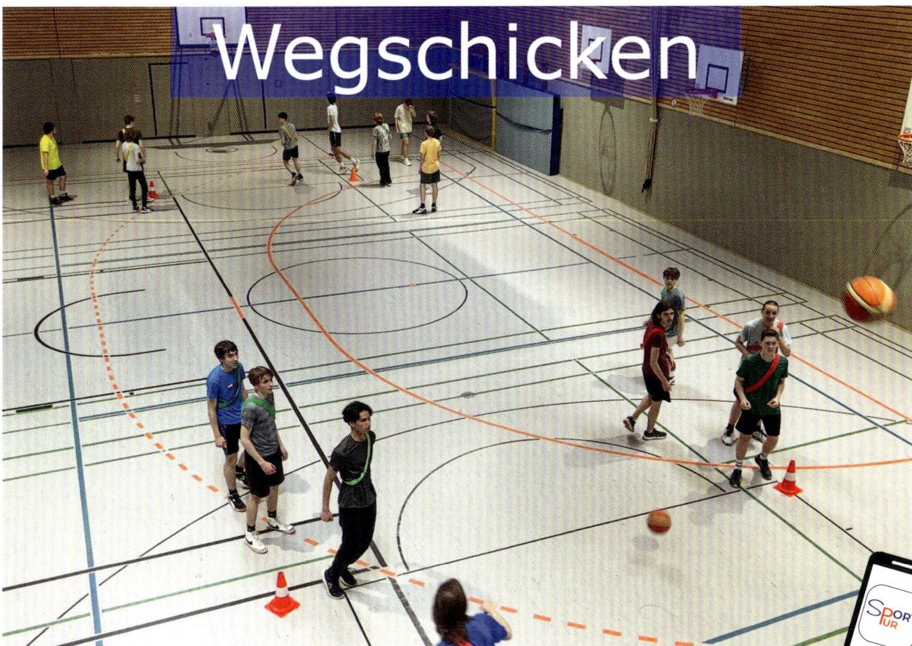

Hütchenwerfen

Material

2 Bälle je Mannschaft

3 unterschiedliche Hütchensorten (20 Hütchen je Sorte)

Was wird hier noch trainiert?

Werfen in einer Drucksituation

Dribbeln

Passen

Spielbeschreibung

Auf dem Spielfeld werden drei unterschiedliche Hütchensorten verteilt. Sorte A in der Zone, Sorte B zwischen Zonenrand und Drei-Punkte-Linie und Sorte C um die Drei-Punkte-Linie herum. Je nach Spieleranzahl werden Mannschaften eingeteilt. Es ist zu beachten, dass jedes Team nicht mehr als fünf Spieler haben sollte, da sonst die Wartezeiten zu lang werden. Die Mannschaften verteilen sich hinter der Mittellinie, wobei die jeweils ersten beiden Spieler je einen Ball bekommen (siehe Abb. unten). Nach dem Startpfiff dürfen die Spieler mit Ball Richtung Korb dribbeln, sich jeweils ein Hütchen aussuchen und von dort werfen. Jeder Spieler hat nur einen Wurf je Durchgang. Trifft ein Spieler den Korb, darf er das vorher ausgewählte Hütchen einsammeln und bei seiner Gruppe lagern. Bei einem Fehlwurf muss der Spieler ohne Hütchen zurück zu seiner Gruppe dribbeln, um den Ball dem nächsten Teammitglied zu passen.

- Hütchen der Sorte A zählen einen Punkt.
- Hütchen der Sorte B zählen zwei Punkte.
- Hütchen der Sorte C zählen drei Punkte.

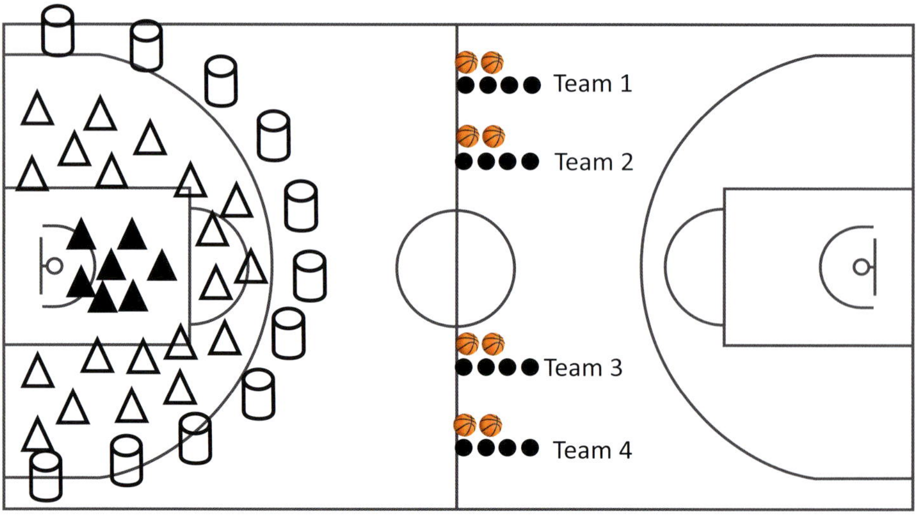

Es wird so lange gespielt, bis alle Hütchen verteilt wurden. Daraufhin zählt jede Mannschaft ihre Punkte. Das Team mit den meisten Punkten gewinnt das Spiel.

Variationen

- Anzahl der Bälle je Team erhöhen.
- Hütchenaufbau auf zwei Körbe.
- Für jeden Treffer in Folge (als Team) darf ein zusätzliches Einpunkt-Hütchen eingesammelt werden.
- Spezialhütchen an der Mittellinie (zehn Punkte).
- Zusatzaufgabe nach einem Fehlwurf (Liegestütz, Strecksprünge, Koordinationsaufgaben).

Teaching Points

- Überlege dir bereits auf der Warteposition, von welchem Hütchen aus du werfen möchtest.
- Dribble schnell zum ausgewählten Hütchen, aber lasse dir beim Wurf Zeit.
- Werfe zuerst von den Positionen, von denen du treffsicher bist.
- Hole nach deinem Wurf schnell den Rebound und passe den Ball zum nächsten Mitspieler.

Mannschaftswürfe

Material

2 Bälle je Mannschaft

Eine Korbanlage je Mannschaft

Was wird hier noch trainiert?

Umgang mit einer Drucksituation

Passen

Teaching Points

- Zeige dem Passgeber mit deinen Händen ein Ziel.
- Begebe dich vor jedem Wurf in eine tiefe, wurfbereite Position.
- Richte deine Fußspitzen Richtung Korb aus.
- Fokussiere die hintere Ringkante.
- Strecke den Arm und klappe das Handgelenk ab.
- Passgeber: Spiele geradlinige und präzise Pässe.

Spielbeschreibung

Die Gruppe wird in mindestens zwei Mannschaften unterteilt. Jede Mannschaft sollte aus vier bis acht Spielern bestehen und eine eigene Korbanlage zur Verfügung haben. Innerhalb der Mannschaft verteilt sich die Gruppe auf zwei vorher definierte Wurfpositionen, zum Beispiel auf die Ecken der Zone an der Freiwurflinie (siehe Abb. unten). Der jeweils erste Spieler auf jeder Wurfposition erhält einen Ball (zwei Bälle je Mannschaft) und darf nach Anpfiff den ersten Wurf nehmen. Daraufhin holt er seinen eigenen Rebound, passt den Ball zum ersten Spieler auf der anderen Position und stellt sich dort an. Die Mannschaft, die zuerst die Zieltreffervorgabe (z. B. 10 Treffer) erreicht, gewinnt die erste Spielrunde. Danach erfolgt ein Tausch der Korbanlagen im Uhrzeigersinn. Außerdem können jede Runde neue Wurfpositionen und Wurfvarianten vorgegeben werden.

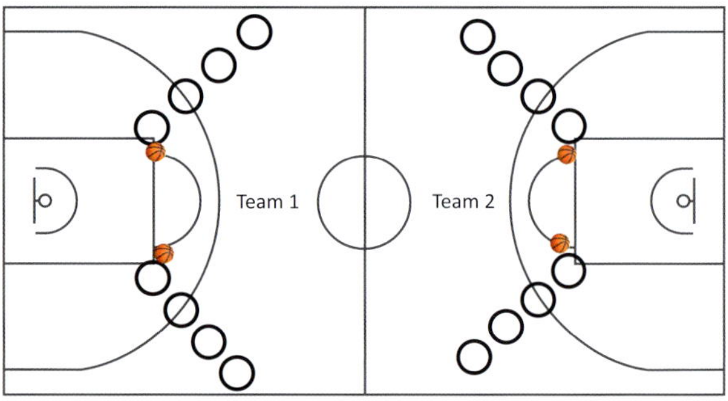

Variationen

- Veränderung der Wurfposition.
- Veränderung der Trefferanzahl.
- Treffer ohne Ringberührung zählen doppelt.
- Normale Treffer zählen doppelt.
- Bei einem Treffer oder Fehlwurf mit Rebound (bevor der Ball auf den Boden fällt) und anschließendem Treffer wird ein Extrapunkt vergeben.

- Eine vorgegebene Trefferanzahl in Folge führt zum Rundensieg.
- Wurfvariationen:
  - Ein Dribbling → Wurf
  - Crossover → ein Dribbling → Wurf
  - Ein Dribbling → Stepback → Wurf

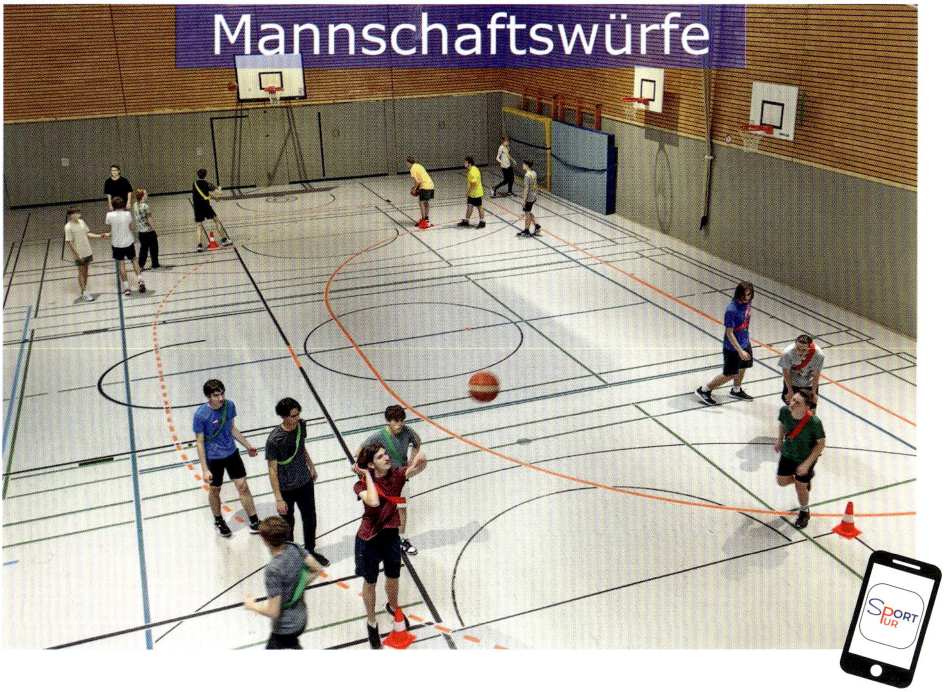

Bump Out

Material

2 Bälle

Eine Korbanlage

Was wird hier noch trainiert?

Umgang mit einer Drucksituation

Dribbeln

Teaching Points

- Achte bei jedem Wurf auf eine korrekte Wurftechnik.
- Passe den Ball nach einem Treffer so schnell wie möglich zum nächsten Spieler in der Reihe.

Spielbeschreibung

Alle Teilnehmer stellen sich in einer Reihe vor der Freiwurflinie auf. Es werden mindestens zwei Teilnehmer benötigt, während die Anzahl nach oben unbegrenzt ist. Die ersten beiden Spieler erhalten jeweils einen Ball und starten die Runde mit einem Wurf von der Freiwurflinie.

Grundsätzlich gilt: Trifft der hintere Spieler vor dem vorderen den Korb, muss der vordere Spieler das Spiel verlassen und darf erst in der nächsten Runde wieder einsteigen.

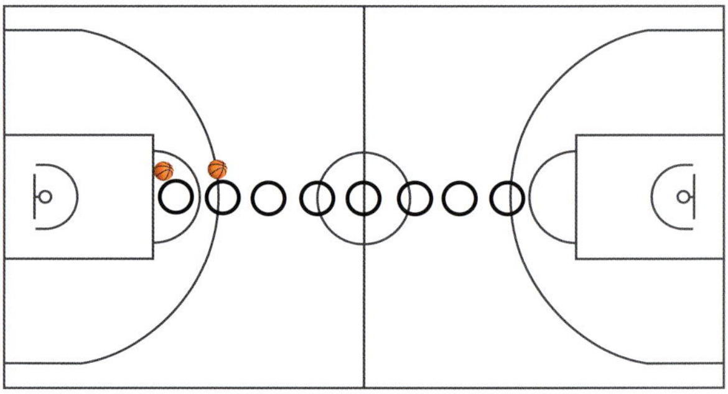

Ist der erste Wurf von der Freiwurflinie nicht erfolgreich, darf so lange geworfen werden, bis der Ball durch den Ring geht oder der jeweilige Hintermann getroffen hat. Die Wurfposition ist nach dem ersten Wurf, der als Freiwurf ausgeführt werden muss, frei wählbar. Mit dem Ball in der Hand darf sich nur dribbelnd fortbewegt werden.

Nach einem Treffer wird der Ball zum nächsten Spieler in der Schlange gepasst. Nach dem Pass wird sich am Ende der Reihe angestellt.

Ziel des Spiels ist es, so lange wie möglich dabei zu bleiben. Der am Ende übrig bleibende Teilnehmer gewinnt das Spiel.

In der nächsten Runde müssen sich die Teilnehmer in der Reihenfolge ihres Ausscheidens aus der vorherigen

Runde aufstellen. Der Sieger startet zuerst, der zweite Gewinner an zweiter Position usw.

Variationen

- Veränderung der Ausgangswurfposition.
- Dribbellimit nach dem ersten Wurf, z. B. 2 Dribblings.
- Der jeweilige Rundensieger erhält einen Joker, welchen dieser in den folgenden Runden einmal einsetzen darf, um im Spiel zu bleiben.

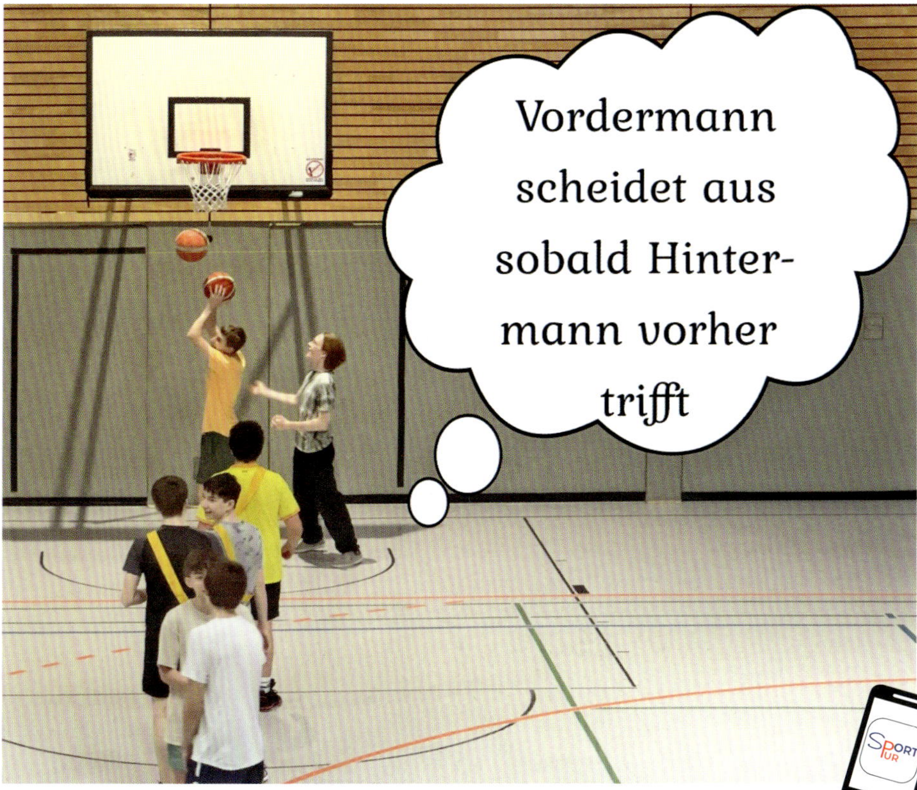

Wurf

Drills

Positionswurf

Sprungwurf Teil 1

Sprungwurf Teil 2

Sternwürfe

Limit Würfe

Positionswurf

Material

1 Ball

Teaching Points

Wurfauslage

- Deine Fußspitzen zeigen zum Korb.
- Deine Beine sind leicht gebeugt.
- Deine Unterarme zeigen Richtung Boden.
- Dein Ellbogen ist unter dem Ball.

1. Würfe im Liegen

Der Spieler legt sich mit dem Rücken auf den Boden und hält den Ball in der Wurfauslage auf Brusthöhe. Der Ball wird ohne Stützhand gerade nach oben geworfen und mit beiden Händen wieder aufgefangen. Der Ball sollte dabei rückwärts rotieren.

Variationen

- Ball mit einer Hand in der Wurfausgangslage fangen.
- Wurf mit Stützhand.
- Wurf mit der schwachen Hand.

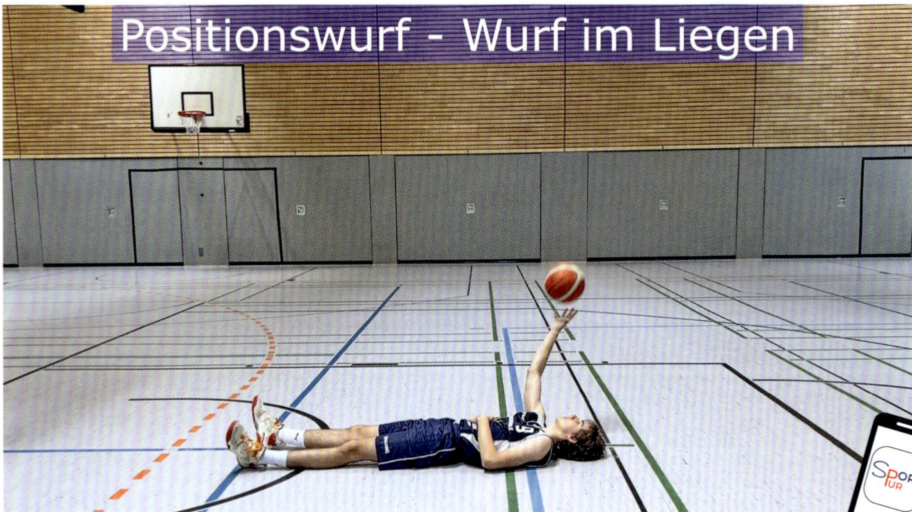

2. Einhandwürfe

Der Spieler stellt sich in frontaler Position mit einem Meter Abstand vor den Korb und geht in die Wurfauslage. Nun wird ein einhändiger Wurf auf den Korb ausgeführt. Die Stützhand ist neben dem Ball, berührt diesen jedoch nicht.

Variationen

- Würfe mit Brett aus der 45° Position.
- Abstand zum Korb vergrößern.
- Ziel: 20 Punkte, jeder Treffer zählt einen Punkt.

Was wird hier noch trainiert?

Koordination

Teaching Points

Wurfauslage

- Der Ball liegt auf deinem Handballen und den Fingerspitzen.
- Der Ball ist auf Stirnhöhe.
- Schaue unter dem Ball hindurch Richtung Korb.

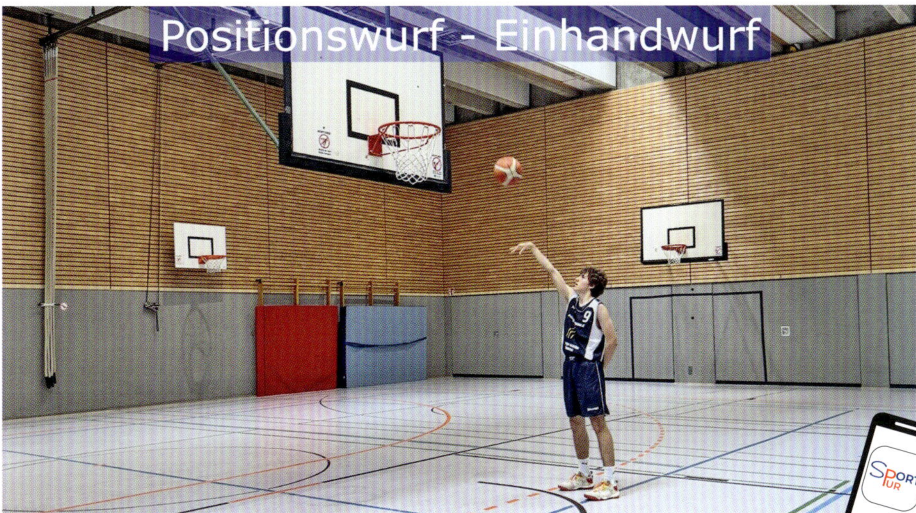

3. Einhandwürfe – Gestreckter Arm

Der Spieler stellt sich in frontaler Position mit einem Meter Abstand vor den Korb und geht in die Wurfauslage. Der Wurfarm ist nach vorne ausgestreckt und der Ball liegt in der Hand. Nun wird der Ball Richtung Stirn geführt und das Ellbogengelenk gebeugt. Der Ellbogen ist immer unter dem Ball. Anschließend wird ein einhändiger Wurf auf den Korb ausgeführt. Die Stützhand ist neben dem Ball, berührt diesen jedoch nicht.

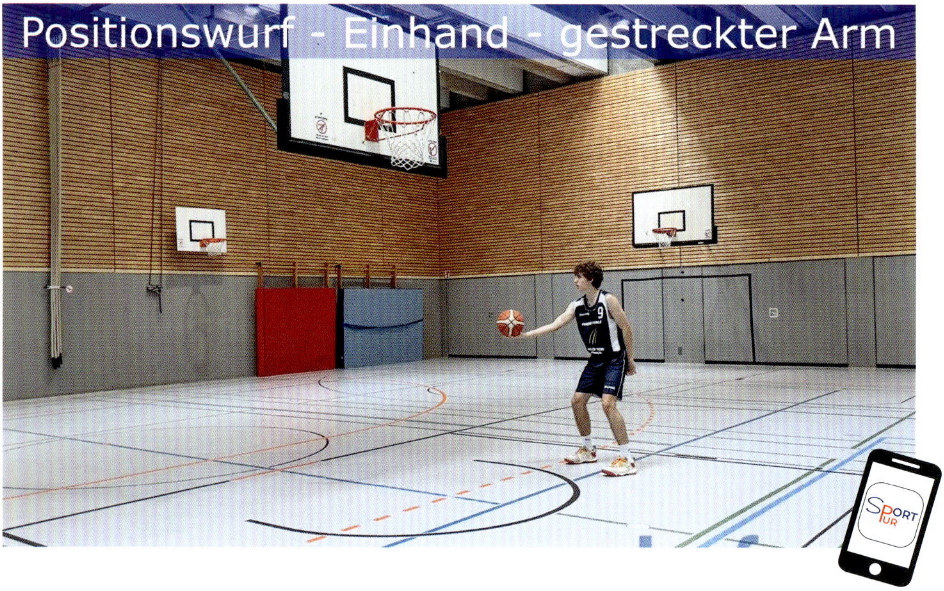

Variationen

- Würfe mit Brett aus der 45° Position.
- Abstand zum Korb vergrößern.
- Ziel: 30 Punkte, wobei Treffer ohne Ringberührung doppelt zählen.

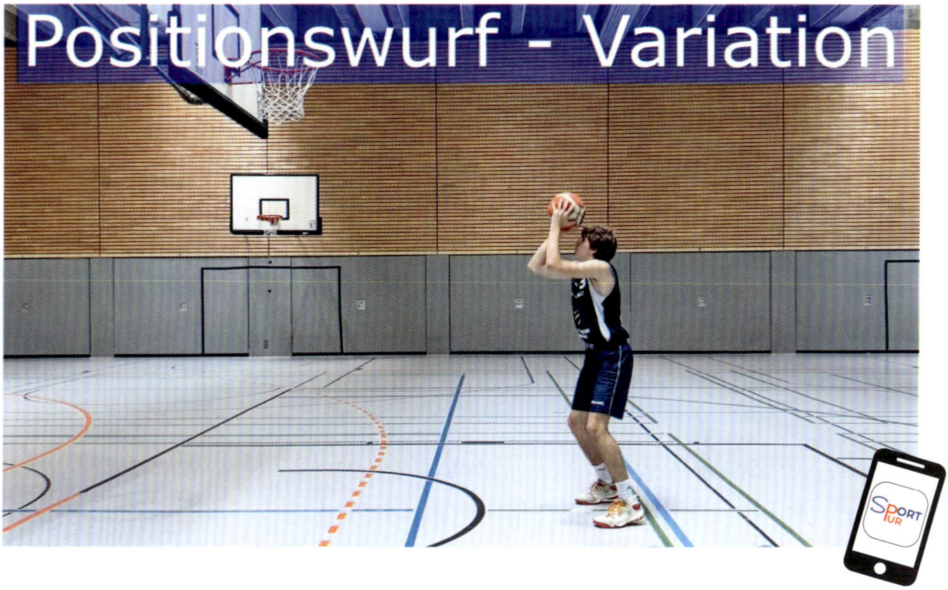

Sprungwurf Teil 1

Material

1 Ball

Was wird hier noch trainiert?

Koordination

Schnellkraft

Teaching Points

- Deine Aufwärtsbewegung muss dynamisch sein.
- Springe kräftig ab.
- Übertrage die Kraft der Beine auf den Ball.
- Der Ball soll noch während der Aufwärtsbewegung die Hand verlassen.
- Wirf so locker wie möglich.
- Strecke den Arm und klappe das Handgelenk locker ab, so dass es nachfedert.

1. Der Aufzug

Der Spieler steht in frontaler Position mit ein bis zwei Metern Abstand vor dem Korb. Gestartet wird in der Wurfauslage. Ausgehend von der Wurfauslage werden die Beine gebeugt, bis der Boden mit dem Ball kurz berührt werden kann. Daraufhin erfolgt die Einleitung der Wurfbewegung mit Absprung nach oben. Der Ball soll dabei in einer dynamischen Bewegung am höchsten Punkt des Sprungs die Hand verlassen.

Variationen

- Position verändern.
- Abstand zum Korb vergrößern.
- Wurf mit der schwachen Hand.

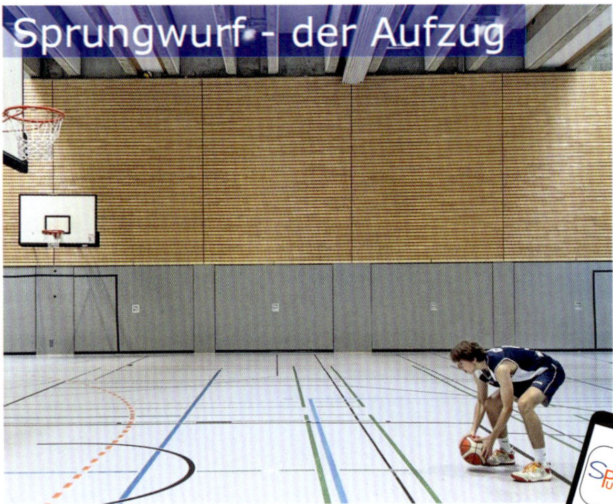

2. Bounce Würfe

Der Spieler stellt sich in frontaler oder seitlicher Position mit einem Abstand von ein bis zwei Metern vor den Korb und geht in die Wurfauslage. Nun werden drei rhythmische Sprünge auf der Stelle in der Wurfausgangslage durchgeführt. Nach dem dritten Sprung wird die Sprungwurfbewegung eingeleitet und es erfolgt ein Wurf auf den Korb.

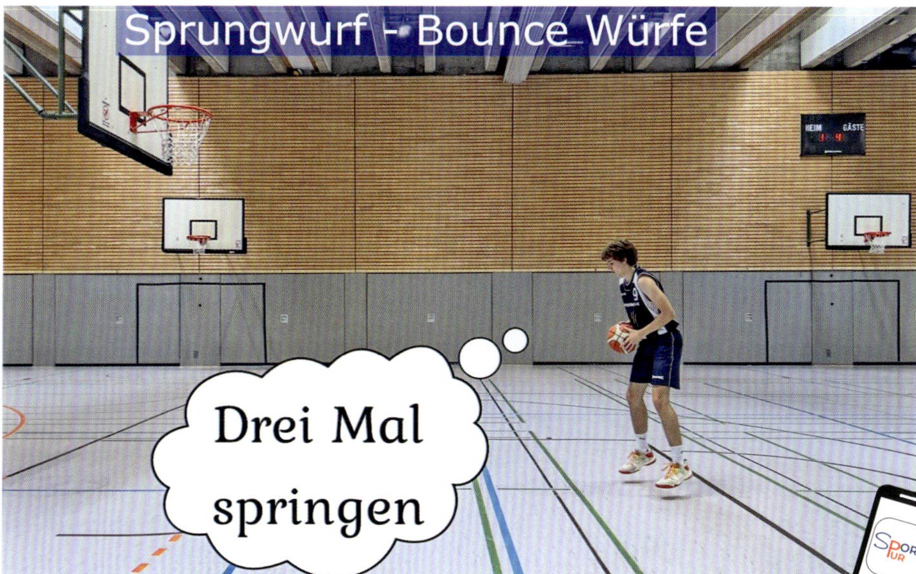

Variationen

- Während jedem Sprung wird ein Dribbling ausgeführt.
- Das Dribbling erfolgt auf der Wurfhandgegenseite.
- Sprünge über eine Linie seitlich hin und her.
- Sprünge über eine Linie vor und zurück.

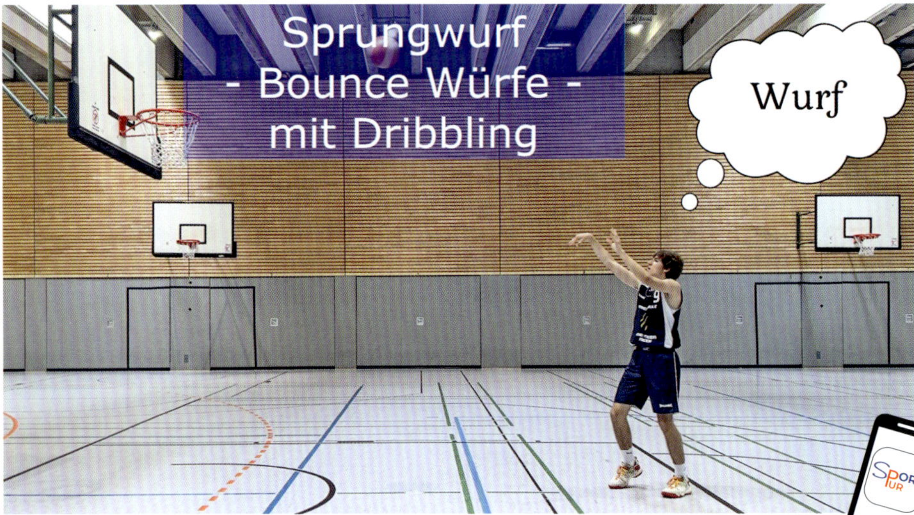

3. Crossover Würfe

Der Spieler stellt sich in frontaler Position mit einem Abstand von ein bis zwei Metern vor den Korb. Es werden drei Handwechsel durch die Beine mit Umspringen durchgeführt. Nach dem letzten Handwechsel wird die Aufwärtsbewegung genutzt und der Sprungwurf eingeleitet.

Variationen

- Handwechsel vor dem Körper.
- Position verändern.
- Abstand zum Korb vergrößern.
- Wurf mit der schwachen Hand.
- Ziel: Fünf Treffer in Folge.

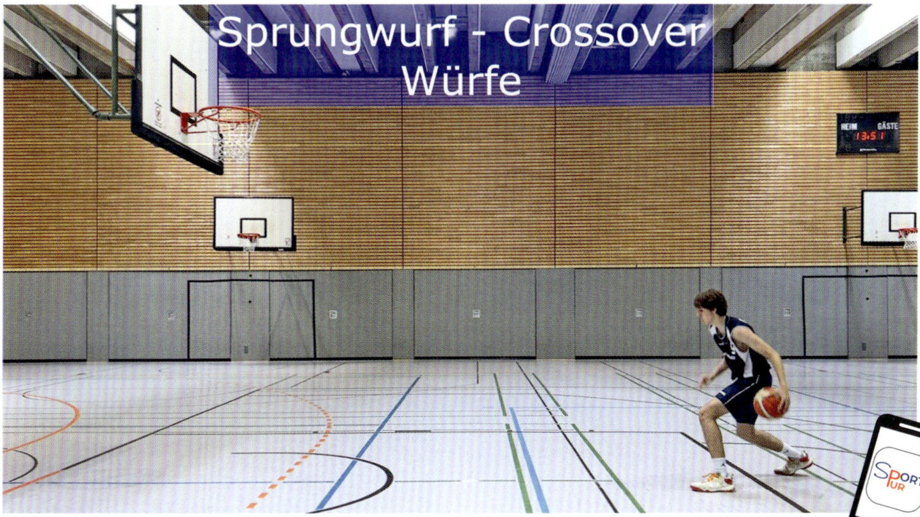

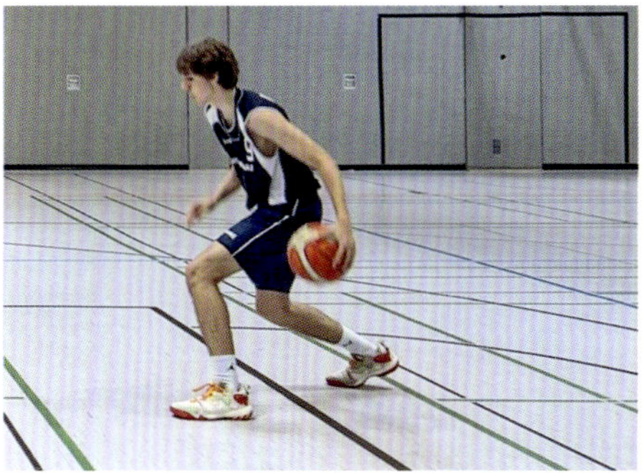

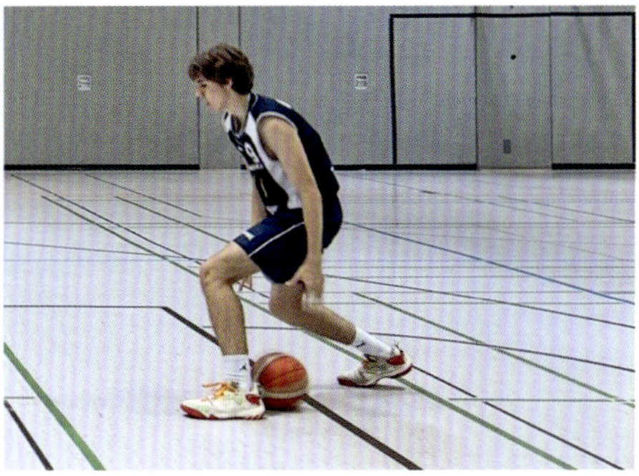

Sprungwurf Teil 2

Material

1 Ball

Was wird hier noch trainiert?

Koordination

Schnellkraft

4. Wurf aus der Drehung

Der Spieler steht in frontaler Position mit dem Gesicht zum Korb. Der Abstand kann je nach Leistungsniveau variabel gewählt werden. Aus der Wurfauslage werden zwei 180°-Sprünge ausgeführt, zunächst mit dem Rücken Richtung Korb und daraufhin zurück in die Startposition. Aus dieser Position wird der Sprungwurf nun eingeleitet.

Variationen

- Vier 90°-Sprünge.
- Positionswurf nach dem letzten Sprung.
- Position verändern.
- Abstand zum Korb vergrößern
- Wurf mit der schwachen Hand.

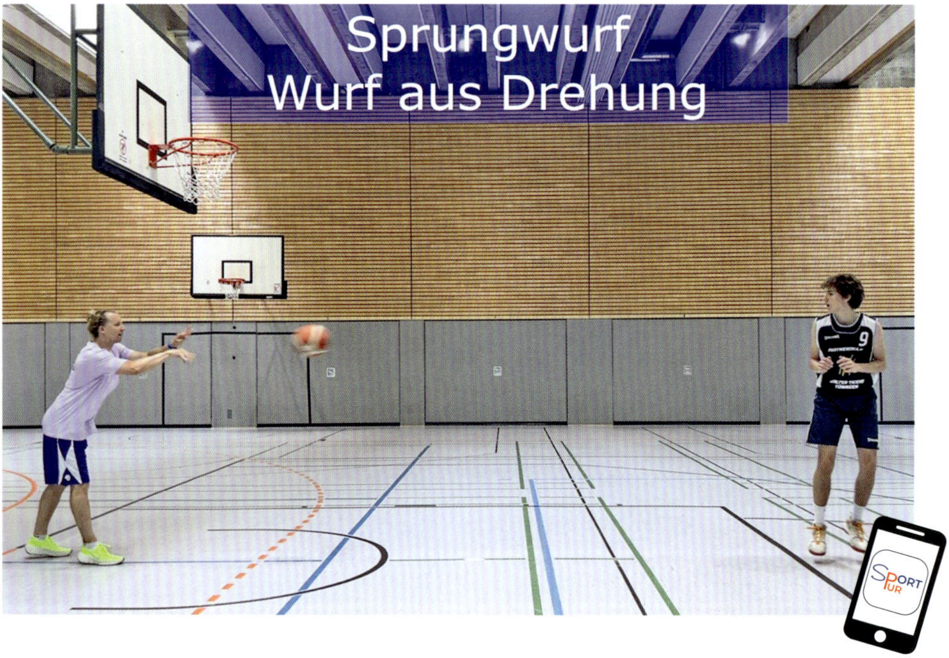

5. Wurf nach dem Ausfallschritt

Der Spieler stellt sich mit einem Abstand von ein bis zwei Metern vor den Korb. Nun wird ein großer Ausfallschritt nach vorne ausgeführt. Dabei ist das vordere Knie über dem Sprunggelenk und das hintere kurz über dem Boden. In einer flüssigen Bewegung drückt sich der Spieler nach oben ab und leitet nach dem Erreichen der Startposition den Sprungwurf ein. Beim nächsten Wurf erfolgt der Ausfallschritt mit dem jeweils anderen Bein.

Variationen

- Ausfallschritt nach hinten.
- Ausfallschritt zur Seite.
- Wurf mit der schwachen Hand.

Teaching Points

- Deine Aufwärtsbewegung muss dynamisch sein.
- Springe kräftig ab.
- Übertrage die Kraft der Beine auf den Ball.
- Der Ball soll noch während der Aufwärtsbewegung die Hand verlassen.
- Wirf so locker wie möglich.
- Strecke den Arm und klappe das Handgelenk locker ab, so dass es nachfedert.

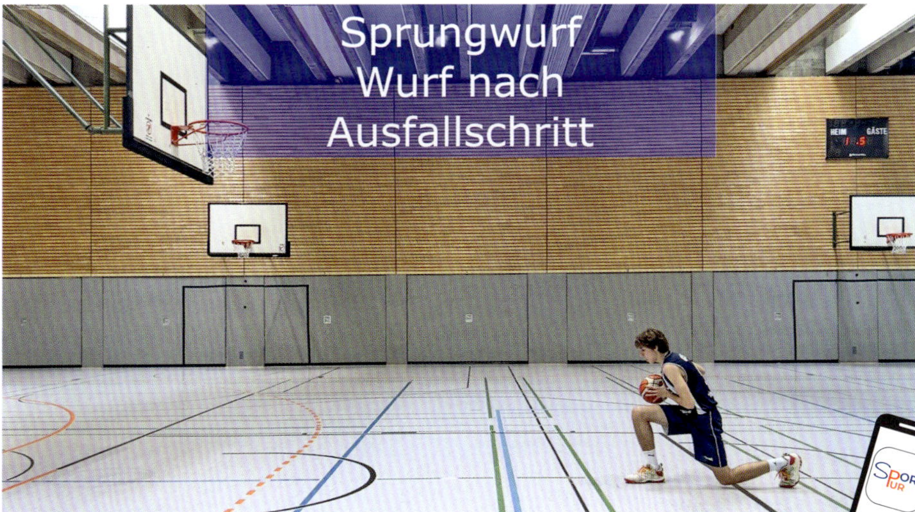

6. Wurf aus dem Dribbling

Der Spieler positioniert sich mit einem Abstand von vier bis sechs Metern vor dem Korb. Aus der SPD-Position wird ein Kreuzschritt mit Dribbling Richtung Korb ausgeführt und daraufhin der Sprungwurf eingeleitet. Beim nächsten Versuch erfolgt das Dribbling mit der anderen Hand in die entgegengesetzte Richtung.

Variationen

- Passgangdribbling → Wurf
- Ball selbst vorwerfen → ein Dribbling → Wurf
- Passen/Zuspiel → ein Dribbling → Wurf
- Jabstep (Schritttäuschung) → ein Dribbling → Wurf
- ein Dribbling → Stepback → Wurf

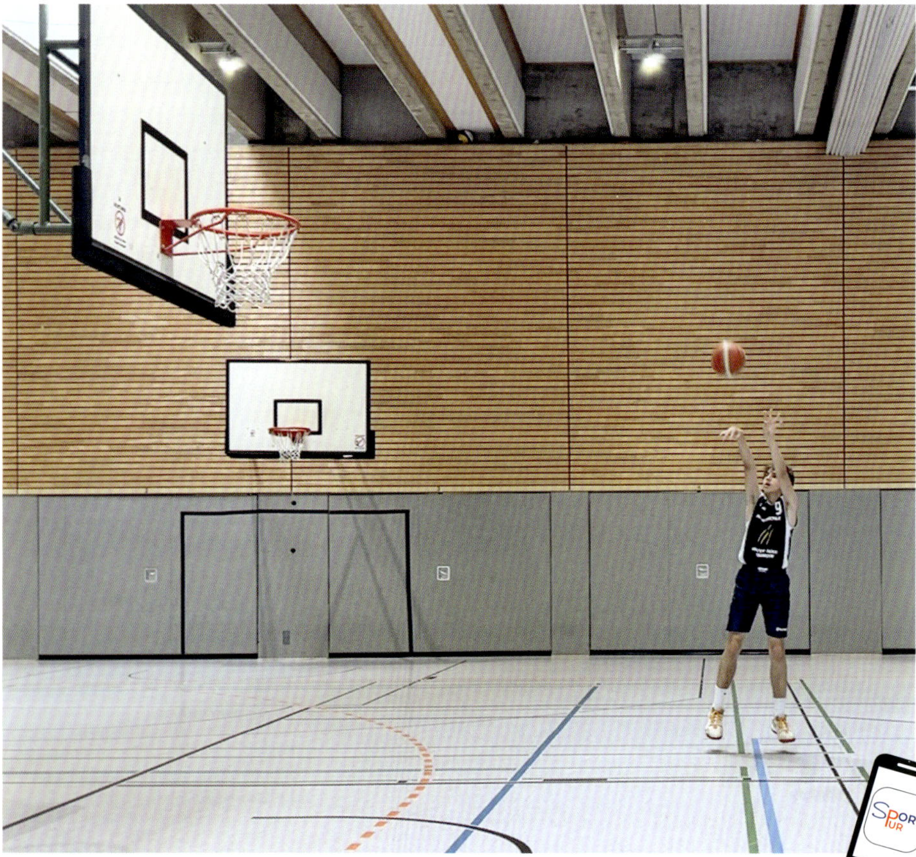

Sternwürfe

Übungsbeschreibung

Für diese Wurfübung werden zwei Spieler benötigt. Einer der beiden Spieler agiert als Werfer, der andere als Rebounder und Passgeber. Zu Beginn werden fünf Wurfpositionen (siehe Abb. unten) festgelegt. Die Wurfpositionen können je nach Leistungsniveau der Spieler näher an den Korb oder weiter nach hinten, auf Höhe der Drei-Punkte-Line, versetzt werden. Die Anordnung sollte jedoch ähnlich bleiben.

Der Werfer beginnt an der Startposition mit einem Wurf aus dem „catch and shoot“ und läuft danach zur nächsten Position usw. Nach fünf Würfen in Serie wird wieder bei der Startposition begonnen. Als Ziel kann eine absolute Anzahl an Wurfversuchen, oder auch eine bestimmte Anzahl an Treffern definiert werden.

Da sich der Werfer auf einigen Positionen während des Ballerhalts erst zum Korb ausrichten muss, ist auf eine technisch korrekte Fußarbeit zu achten (Parallelstop, Frontpivot, Backpivot).

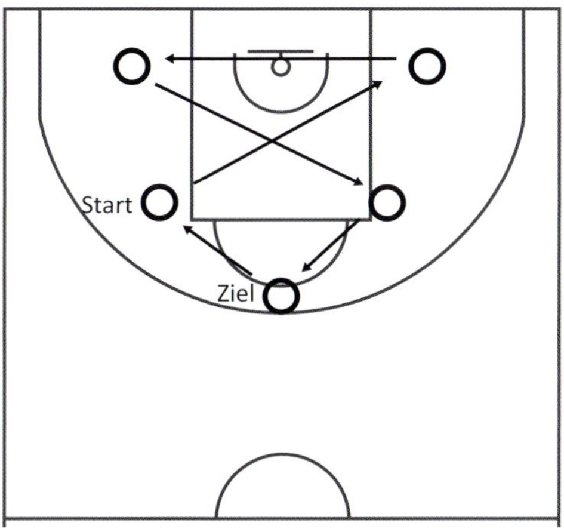

Material

1 Ball

2 Spieler

Was wird hier noch trainiert?

Fußarbeit

Passen

Rebounding

Teaching Points

- Zeige dem Passgeber mit deinen Händen ein Ziel.
- Begebe dich vor jedem Wurf in eine tiefe, wurfbereite Position.
- Richte deine Fußspitzen zum Korb aus.
- Fokussiere mit deinem Blick die hintere Ringkante.
- Strecke den Arm und klappe das Handgelenk ab.
- Passgeber: Spiele feste und präzise Pässe.

Variationen

- Veränderung der Wurfpositionen.
- Veränderungen der Trefferlimits.
- Würfe mit einem Dribbling nach Ballerhalt.
- Wettkampf: Wer benötigt die wenigsten Versuche für eine vorher festgelegte Trefferzahl?

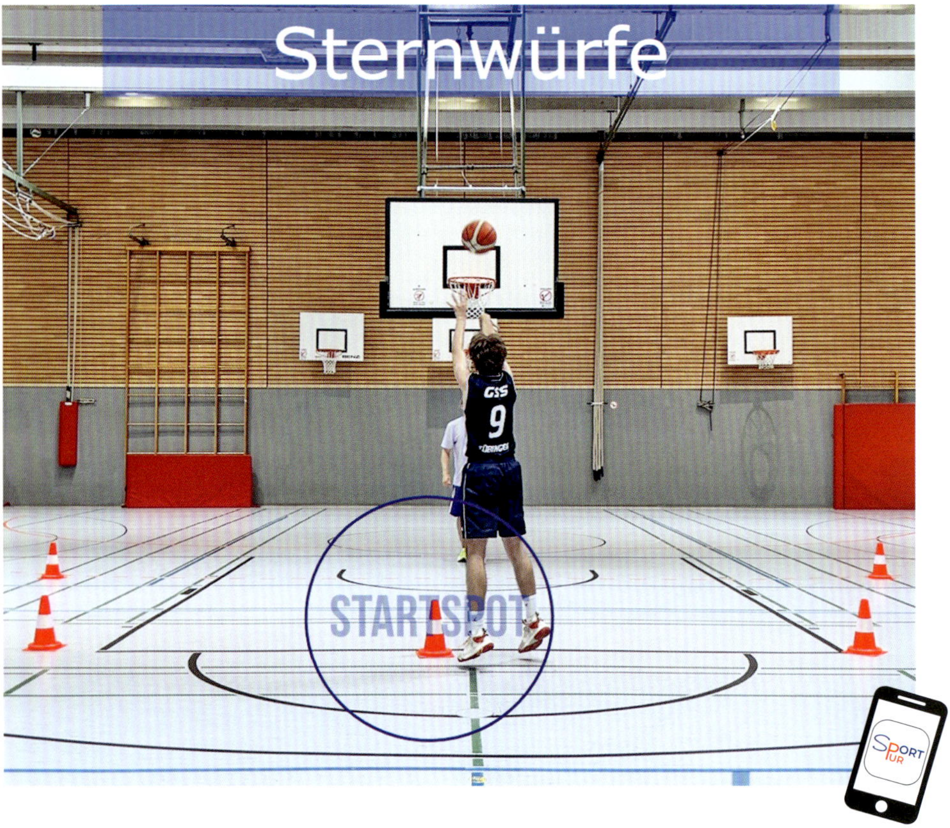

Limit Würfe

Übungsbeschreibung

Für diese Wurfübung werden zwei Spieler benötigt. Dabei agiert einer der beiden als Werfer und der jeweils andere als Rebounder und Passgeber. Zu Beginn werden fünf Wurfpositionen, die Anzahl der Würfe je Position, sowie eine Mindestanzahl an Treffern je Position vorgegeben. Je höher das Leistungsniveau, desto geringer kann die Differenz zwischen Wurfversuchen und Mindestanzahl an Treffern gewählt werden. Außerdem kann die absolute Anzahl an Würfen und Treffern erhöht werden.

Der Werfer beginnt an der ersten Position mit Würfen aus dem „catch and shoot", bis er die jeweilige Mindesttrefferanzahl ohne Überschreitung der Wurfversuche erreicht hat.

Danach darf an die jeweils nächste Position gewechselt werden. Gelingt es dem Werfer nicht, die Mindestanzahl an Treffern zu erzielen, erhält er einen neuen Versuch. Das Ziel ist es, alle fünf Positionen mit möglichst wenig Versuchen zu absolvieren.

Variationen

- Veränderung der Wurfpositionen.
- Veränderungen der Trefferanzahl.
- Würfe mit einem Dribbling nach Ballerhalt.
- Wettkampf: „Wer absolviert alle Positionen mit den wenigsten Versuchen?"

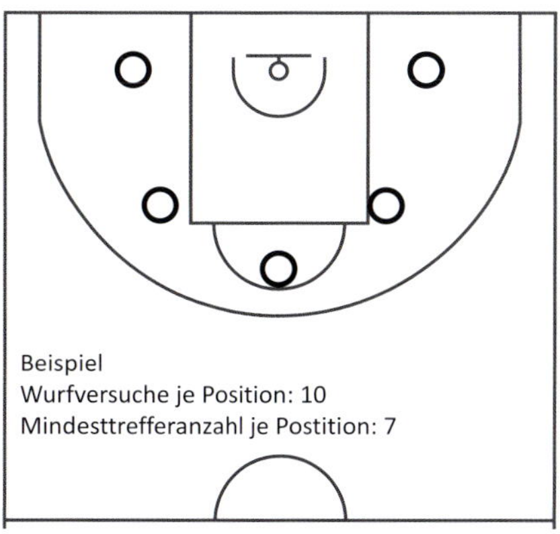

Material

1 Ball

2 Spieler

Was wird hier noch trainiert?

Fußarbeit

Passen

Rebounding

Teaching Points

- Zeige dem Passgeber mit deinen Händen ein Ziel.
- Begebe dich vor jedem Wurf in eine tiefe, wurfbereite Position.
- Richte deine Fußspitzen Richtung Korb aus.
- Fokussiere mit deinem Blick die hintere Ringkante.
- Strecke den Arm und klappe Handgelenk ab.

Multiskill
Drills

4:15 Drill

Material

5 Bälle

2 Korbanlagen

Mindestens 7 Spieler

Was wird hier noch trainiert?

Passen

Werfen

Korbleger

Teaching Points

- Spiele geradlinige und präzise Pässe in die Hand deines Mitspielers.
- Gib deinen Mitspielern per Handzeichen ein Passziel.
- Sprinte, wenn du dich auf dem Feld bewegst.
- Korbleger: Springe zum Ring nach oben ab.
- Wurf: Bereite den Wurf durch eine tiefe Körperposition vor.

Übungsbeschreibung

Der 4:15 Drill kombiniert das schnelle Passen in der Bewegung und den Korblegerabschluss aus dem Sprint. Außerdem führen die Teilnehmer eine Vielzahl an Würfen aus, was die Übung interessant für die Aufwärmphase eines Trainings/eines Unterrichts macht.

In jeder Ecke des Spielfeldes positioniert sich jeweils ein Spieler mit Ball. Weitere Spieler können dahinter aufgestellt werden. Außerdem stehen hinter den beiden Grundlinien jeweils ein Spieler und drei weitere Spieler im Feld (Abb. 1). Die drei Feldspieler starten mit einem Achterlauf (passen und hinterlaufen) Richtung Gegenkorb (Abb. 2). Nach zwei Pässen erfolgt ein schneller Abschluss per Korbleger. Die beiden äußeren Feldspieler erhalten jeweils einen Pass aus der Ecke und werfen im Anschluss aus der Mitteldistanz (Abb. 3). Nun beginnt die gleiche Bewegungsform zurück auf den Ausgangskorb. Der Spieler hinter der Grundlinie holt dabei den Rebound und spielt den ersten Pass. Die beiden Passgeber aus den Ecken werden zu neuen Feldspielern und bewegen sich ebenfalls im Achterlauf auf die Gegenseite.

Nach einer kurzen Aufwärmphase kann die Übung als Wettbewerb umgestaltet werden. Die Mannschaft hat vier Minuten und fünfzehn Sekunden Zeit, um möglichst viele Treffer zu sammeln. Vor dem Start der Übung definiert der Lehrer/Trainer das Trefferziel.

Variationen

- Wurftreffer zählen doppelt.
- Rekord mit Treffern in Folge aufstellen.
- Extraaufgabe für jeden verlegten Korbleger.
- Fortbewegung der Feldspieler ohne Achterlauf auf drei Spuren.
- Variation des Korbabschlusses der äußeren Feldspieler: Wurf aus dem Dribbling, Step-Back-Wurf, Korbleger etc.

1

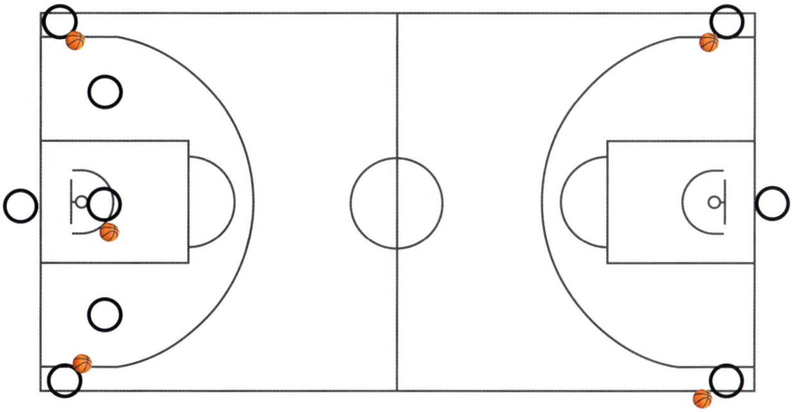

2

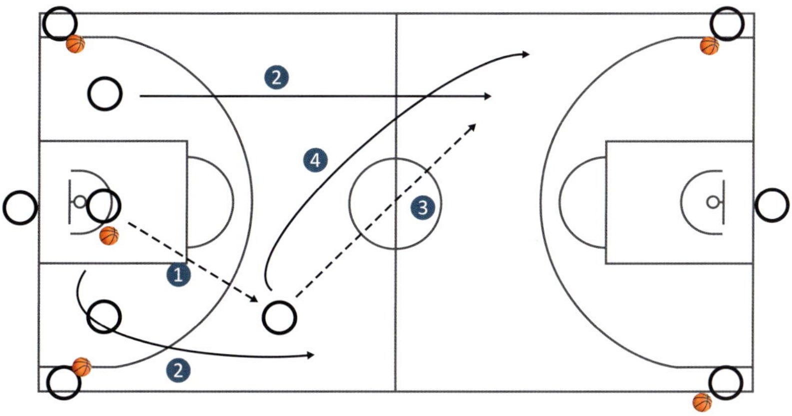

3

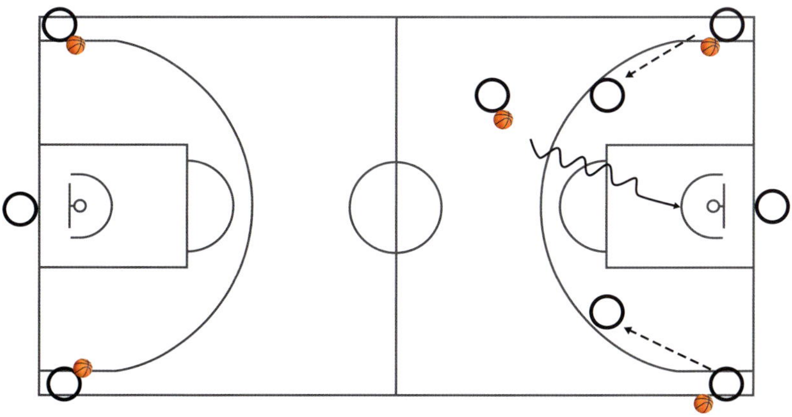

Backup Drill

Material

5 Bälle

2 Korbanlagen

Mindestens 7 Spieler

Was wird hier noch trainiert?

Passen

Werfen

Korbleger

Teaching Points

- Spiele geradlinige und präzise Pässe in die Hand deines Mitspielers.
- Gib deinen Mitspielern per Handzeichen ein Passziel.
- Sprinte, wenn du dich auf dem Feld bewegst.
- Korbleger: Springe zum Ring nach oben ab.
- Wurf: Bereite den Wurf durch eine tiefe Körperposition vor.

Übungsbeschreibung

Der Backup Drill wird als Rundlauf durchgeführt. Der erste Spieler startet an der Grundlinie und dribbelt mit der rechten Hand und maximaler Geschwindigkeit auf die erste „Hütchenbarriere" zu. Nun erfolgen zwei raumgreifende Backup-Dribblings nach hinten mit einem anschließenden Handwechsel auf die linke Hand. Anschließend erfolgt an der zweiten Barriere die gleiche Bewegung, nur spiegelverkehrt. Mit der rechten Hand dribbelt der Spieler nun auf die dritte Hütchenbarriere an der Dreierlinie zu. Dort erfolgt abermals ein Backupdribbling mit einem anschließenden Handwechsel und Einhandpass zum Passgeber. Nach dem Pass wird ein Schritt zur Grundlinie angetäuscht und ein Cut in die Mitte durchgeführt. Der Passgeber spielt den Ball daraufhin zurück und der Spieler verwertet den Ball per Korbleger. Im Anschluss wird der Zickzack-Parkour durchdribbelt. Vor jedem Hütchen wird ein Handwechsel mit anschließendem Beschleunigungsschritt ausgeführt. Nach dem letzten Hütchen erfolgt ein Handwechsel auf die Außenhand und ein Dribbling in Richtung Grundlinie zum Korb.

Folgende Abschlussvariationen können angewendet werden:
Druckwurfkorbleger, Unterhandkorbleger, Korbleger mit Brett/ohne Brett, verkürzter Korbleger mit einem Schritt nach dem Dribbling, Floater-Korbleger, Reverse Korbleger, Eurostepkorbleger, Korbleger mit 360° Drehung, abgebrochener Korbleger mit Wurfabschluss, ein Dribbling in den Sprungwurf, zwei Dribblings in den Stepback-Wurf.

Variationen

- Wurftreffer zählen doppelt.
- Rekord mit Treffern in Folge aufstellen.
- Extraaufgabe für jeden verlegten Korbleger.
- Fortbewegung der Feldspieler ohne Achterlauf auf drei Spuren.
- Variation des Korbabschlusses der äußeren Feldspieler: Wurf aus dem Dribbling, Step-Back-Wurf, Korbleger etc.

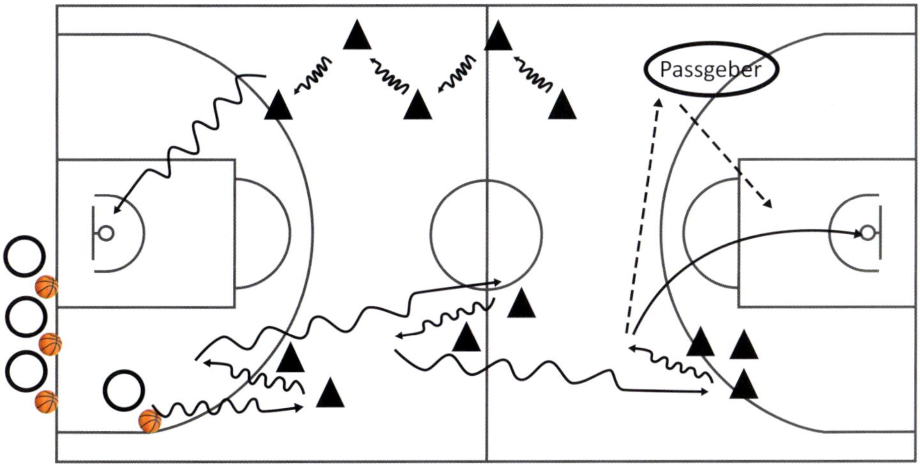

Swing Drill

Material

Mindestens 2 Bälle

1 Korbanlage

3 Hütchen

Mindestens 4 Spieler

Was wird hier noch trainiert?

Passen

Werfen

Korbleger

Teaching Points

- Spiele geradlinige und präzise Pässe in die Hand deines Mitspielers.
- Bereite dich mit einem Handzeichen und tiefer Körperposition auf den Ballerhalt vor.
- Attackiere den Korb mit einem explosiven und langen ersten Schritt.

Übungsbeschreibung

Mit dem Swing Drill soll das schnelle Passen um die Drei-Punkte-Linie, sowie der daraus resultierende Korbabschluss trainiert werden. Die drei aktiven Spieler positionieren sich vor den drei Hütchen, die auf der Aufbauposition, sowie auf den beiden Flügelpositionen aufgestellt werden. Die wartenden Spieler befinden sich hinter der Grundlinie. Die Wartespieler haben einen Ball.

Der Spieler auf der ersten Position passt seinen Ball zum oberen Spieler. Dieser passt den Ball ohne Verzögerung weiter auf die Gegenseite. Der dritte Spieler fängt den Ball in der SPD-Position (Schießen-Passen-Dribbeln) und attackiert so schnell wie möglich Richtung Korb. Danach holt er seinen eigenen Rebound und stellt sich auf der Warteposition an. Der Spieler von der ersten Warteposition dribbelt daraufhin zum ersten Hütchen und leitet den nächsten Pass ein.

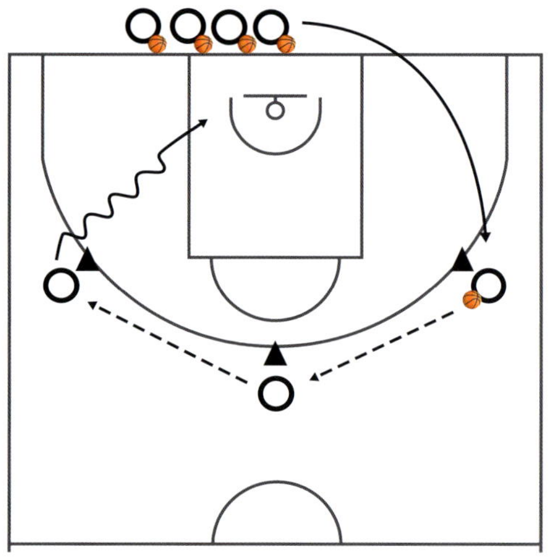

Folgende Abschlussvariationen können angewendet werden:
Druckwurfkorbleger, Unterhandkorbleger, Korbleger mit Brett/ohne Brett, verkürzter Korbleger mit einem Schritt nach dem Dribbling, Floater-Korbleger, Reverse Korbleger, Eurostepkorbleger, Korbleger mit 360° Drehung, abgebrochener Korbleger mit Wurfabschluss, ein Dribbling in den Sprungwurf, zwei Dribblings in den Stepback-Wurf.

Variationen

- Variation der Täuschungen vor dem Zug zum Korb: Wurftäuschung, Schritttäuschung, Sprinttäuschung.
- Passvariationen: Brustpässe, Einhandpässe mit der Außenhand.
- Automatismen nach dem Zug zum Korb.
- Eins-gegen-eins: Der Spieler auf der ersten Passstation sprintet ein Closeout zum letzten Spieler und muss diesen im Eins-gegen-eins verteidigen.
- Wurfwettbewerb: Zwei Körbe spielen gegeneinander. Welcher Korb erreicht zuerst die Anzahl der vorher vereinbarten Treffer?

Step and Drive

Material

1 Ball je Spieler

1 Korbanlage

1 Koordinationsleiter

2 Hütchen

Was wird hier noch trainiert?

Koordination

Dribbeln

Korbleger

Teaching Points

- Verbessere in der Koordinations-Leiter zuerst die Qualität der Bewegung. Erhöhe anschließend die Geschwindigkeit.
- Arbeite mit kurzen und schnellen Schritten.
- Beschleunige, sobald du die Leiter verlässt.
- Am zweiten Hütchen muss ein Tempowechsel erfolgen.
- Attackiere den Korb mit maximaler Intensität.

Übungsbeschreibung

Dieser Drill eignet sich für die erste Phase im Aufwärmteil, da die Intensität sehr gut reguliert werden kann und die Koordinationsübungen einen ermüdungsfreien Zustand voraussetzen.

Der Spieler startet mit Ball an der Koordinationsleiter und führt eine der untenstehenden Übungen aus.

Der Ball kann beim Durchlaufen der Leiter:

- vor der Brust gehalten werden.
- um die Hüfte rotiert werden.
- in den Fingerspitzen hin und her getippt werden.
- gedribbelt werden.

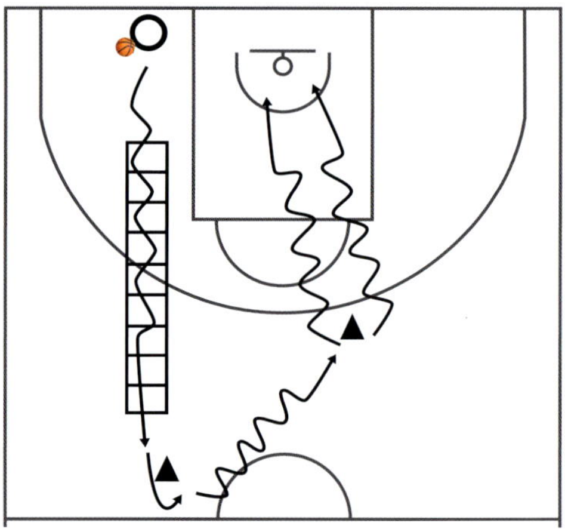

Nach Beendigung der Koordinationsaufgabe läuft der Spieler einen engen „Dribbelcurl“ um das Hütchen an der Mittellinie und beschleunigt auf das zweite Hütchen an der Drei-Punkte-Linie zu. Vor dem zweiten Hütchen wird eine Täuschung ausgeführt, anschließend der Korb attackiert. Mögliche Täuschungen sind:

- Verzögerungsdribbling mit und ohne Schritttäuschung.
- Einfacher Handwechsel in allen Variationen.
- Doppelter Handwechsel in allen Variationen.

Variationen

- Zwei Kontakte je Feld.
- Zwei und drei Kontakte im Wechsel.
- Zwei Kontakte je Feld, dabei zwei Felder vor und eines zurück.
- Zwei Felder vor und eines zurück, beim nach vorne laufen zwei Kontakte, in der Rückwärtsbewegung einen Kontakt.
- Kontaktpyramide 1, 2, 3, 4, 5, 4, 3, 2, 1.
- Zwei Kontakte in das Feld, mit dem Außenfuß einen Kontakt seitlich neben das Feld.
- Zwei Kontakte seitlich neben das Feld, ein Kontakt mit Überkreuzschritt in das Feld.
- Seitliche Bewegung, dabei zwei Kontakte je Zwischenraum.
- Seitliche Bewegung, dabei zwei Kontakte in das Feld und einen Kontakt außerhalb der Leiter.

Zwei Linien Drill

Material

Mindestens 2 Bälle

2 Korbanlagen

6 Hütchen

Was wird hier noch trainiert?

Koordination

Dribbeln

Korbleger

Teaching Points

- Verbessere an der Linie zuerst die Qualität der Bewegung. Erhöhe danach die Geschwindigkeit.
- Arbeite mit kurzen Bodenkontakten.
- Beschleunige, sobald die Linie zu Ende ist.
- Attackiere den Korb mit maximaler Intensität.

Übungsbeschreibung

Dieser Drill eignet sich für die erste Phase eines Aufwärmprogramms, da die Intensität sehr gut reguliert werden kann und die Koordinationsübungen einen ermüdungsfreien Zustand voraussetzen.

Die Spieler stellen sich zu Beginn des Dills an den Seiten des Volleyballfeldes auf Höhe der Angriffslinien auf. Die ersten beiden Spieler starten jeweils mit einem Ball in den Drill. Dabei führen sie eine der untenstehenden Übungen aus.

Der Ball kann beim Überlaufen der Linie:

- vor der Brust gehalten werden.
- um die Hüfte rotiert werden.
- in den Fingerspitzen hin und her getippt werden.
- gedribbelt werden.

Am Ende der Linie kreuzen die beiden Spieler zum jeweils anderen Korb, führen eine Täuschung an der Drei-Punkte-Linie aus und attackieren danach den Korb.

Mögliche Täuschungen sind:

- Verzögerungsdribbling mit und ohne Schritttäuschung.
- Einfacher Korbleger in allen Variationen.
- Doppelter Handwechsel in allen Variationen.
- Kombinationen aus Verzögerungsdribblings und Handwechseln.

Variationen an der Linie

- Zwei Schritte vor der Linie, zwei dahinter.
- Zwei Schritte vor der Linie, einen dahinter.
- Zwei Schritte hinter der Linie, einen davor.
- Jeweils zwei Schritte neben der Linie mit Überkreuzschritt (vorwärts, rückwärts).
- Drei Schritte neben der Linie, auf der anderen Seite ein Schritt (zwei Schritte mit Überkreuzschritt) (vorwärts, rückwärts).
- Einbeinsprünge (seitlich, vor und zurück).
- Zweibeinsprünge (seitlich, vor und zurück).
- Alternierende Sprünge mit einem Fuß vor und dem anderen hinter der Linie.
- Sprünge mit Fußposition „eng" und „weit" im Wechsel.

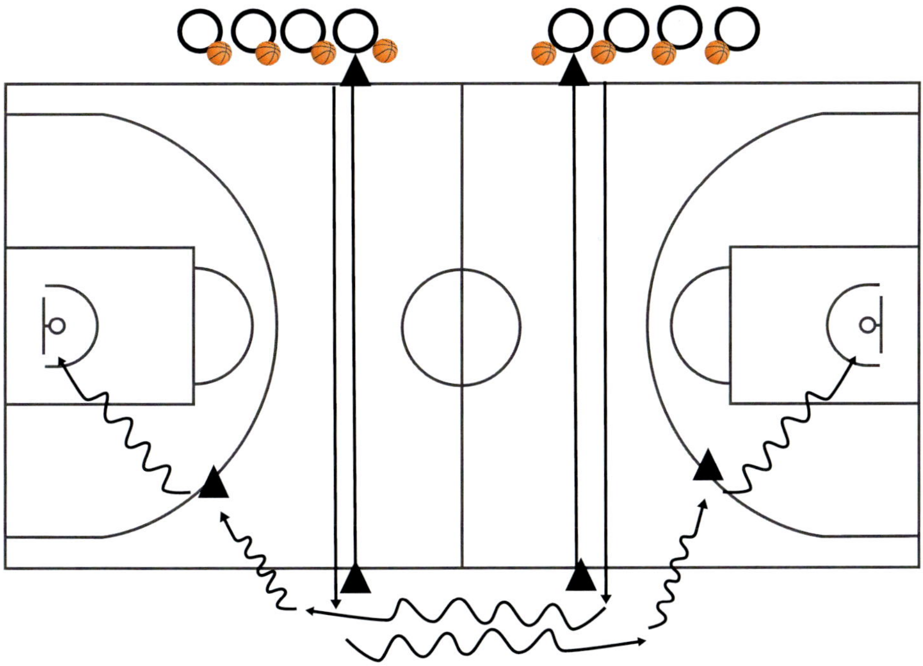